Elum

# LES
# PETITS LITS BLANCS

Œuvre reconnue d'utilité publique
par décret du 16 Avril 1919

SIÈGE SOCIAL :

60, RUE DES SAINTS-PÈRES, 60

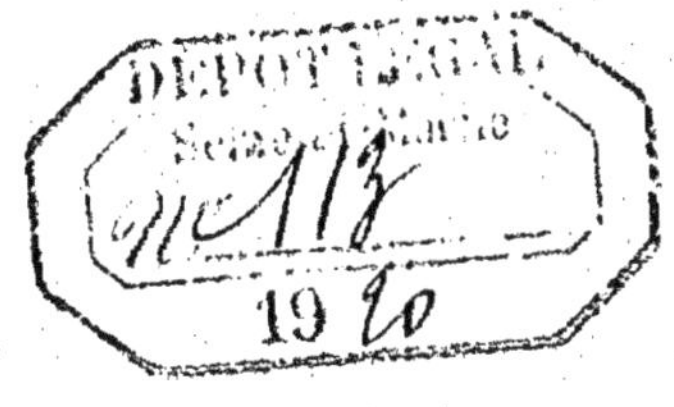


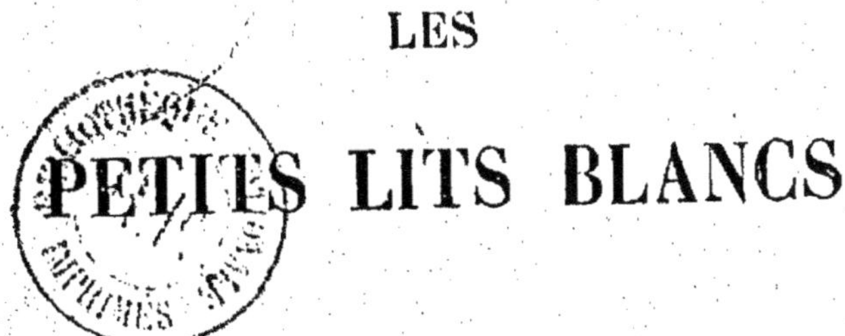

# LES
# PETITS LITS BLANCS

NOS ENFANTS A ROSCOFF

de gauche à droite : Gaston Clémançon. André Delanoy. Gilbert Jouan. Raymond Decker. René Chassin.

# LES

# PETITS LITS BLANCS

Œuvre reconnue d'utilité publique
par décret du 16 Avril 1919

SIÈGE SOCIAL :

60, RUE DES SAINTS-PÈRES, 60

# LES PETITS LITS BLANCS

## COMITÉ

*Président d'honneur :*

M. le Professeur PINARD, Membre de l'Académie de Médecine.

| | |
|---|---|
| *Présidente :* | Mme Henri LAVEDAN. |
| *Vice-présidents :* | Mlle ZANTA, Docteur en philosophie. |
| | M. Léon BAILBY, Directeur de l'*Intransigeant*. |
| *Avocat-conseil :* | Me CHENU, ancien bâtonnier. |
| *Conseil médical :* | Mlle SALINAS. |
| | Docteur J. THIERS. |
| *Trésorière :* | Mlle NIVARD. |
| *Trésorière-adjointe :* | Mme LAMARQUE. |
| *Secrétaire :* | Mlle TOURNAY. |

*Membres :* Mmes Joseph BAIL, Maurice BASCHET, DEFRESNE, FAUCHIER-DELAVIGNE, FAUCHIER-MAGNAN, JAPY, Jacques LEBEL, Paul THOMAS, Pierre DE VALLÉE.

## MEMBRES D'HONNEUR

Docteur Bazy, Membre de l'Académie de Médecine.

M. Béthenod, Président du Conseil d'administration du Crédit Lyonnais.

M. Léon Bourgeois, Sénateur de la Marne, ancien Président du Conseil.

M. Stéphane Dervillé, Président du Conseil d'Administration de la Compagnie du P.-L.-M.

M. Georges Goyau.

M. Stéphen Liégeard, Président de la Société nationale d'encouragement au bien.

M. Pierre Loti, de l'Académie française.

M. Morgan.

M. P. Perrin, Editeur.

M. J. Reubell.

Edmond Rostand †, de l'Académie française.

M. Vallery-Radot.

Le Révérend Docteur Watson, Recteur honoraire de l'Église américaine.

# MEMBRES D'HONNEUR

Vicomtesse d'Avenel.
Mme Louis Barthou.
Mme Philippe Berthelot.
Comtesse A. de Chabrillan.
Mme Paul Dupuy.
Mme E. Etienne.
Vicomtesse de Fontenilliat.
Mme Walter Gay.
Marquise de Laborde.
Marquise de Lambertye-Gerbeviller.
Mme O. de Magalhaes.
Comtesse de Rancy.
Comtesse de Valencia †.

## COMITÉ DE PROPAGANDE

Dr Foveau de Courmelles.
M. Nourry.
Mme Rebel-Barlette.
M. et Mme Roguet.
Mlle Rollin.

# LES PETITS LITS BLANCS

L'Œuvre des Petits Lits Blancs entre dans sa troisième année d'existence, elle a fait beaucoup, s'il faut que nous vous le disions c'est qu'elle a bien plus à faire encore et qu'elle ne saurait mener à bien sa lourde tâche sans le concours de toutes les bonnes volontés.

Que l'on nous permette, pour ceux qui ne le connaissent pas encore, de rappeler son but et son organisation. Son but est de sauver le plus grand nombre possible de ces enfants condamnés à languir, à mourir dans les hôpitaux, les sanatoria de l'Assistance publique manquant de place pour les recueillir.

On ne sait pas assez que la tuberculose est une maladie curable sous toutes ses formes. Celles dont s'occupe spécialement l'Œuvre des Petits Lits Blancs : adénites, ostéites, arthrites (tuberculose chirurgicale) très fréquentes chez l'enfant sont des mieux connues et des plus accessibles à la thérapeutique. Mais quelle doit être cette thérapeutique? Elle se résume en peu de mots : grand air, lumière, bonne alimentation, sous une constante surveillance médicale. Dans les classes pauvres, ces conditions ne peuvent pas se réaliser : les logements sont petits, s'aèrent insuffisamment sur des cours, ne reçoivent que peu de lumière. A ces mauvaises conditions locales s'ajoutent encore les aggravations qu'entraîne la misère : mauvaise nourriture, manque de propreté, etc. Que faire de l'enfant malade que cette atmosphère tue? On l'envoie à l'hôpital; mais l'hôpital des grandes villes ne saurait le guérir. Il a besoin d'air : l'aération est nulle (dans les hôpitaux les enfants ne sortent jamais), et d'ailleurs, l'air de Paris vicié, chargé de poussières et de microbes n'est pas assez riche en oxygène pour ces petits poumons qui le plus souvent respirent mal. On voit alors évoluer rapidement des lésions qui, prises au début, pouvaient être soignées et guéries.

Ce qu'il faut c'est un transport immédiat et un séjour prolongé au bord de la mer, par exemple, dans des conditions parfaites d'hygiène, d'air et de lumière, avec application de soins spéciaux.

Ce que l'Œuvre des Petits Lits Blancs se propose, son but, c'est d'offrir au plus grand nombre possible de petits malades, encore curables aujourd'hui mais condamnés s'il faut attendre à demain, ce traitement qui les sauvera.

L'organisation est très simple. Comme vous le verrez dans le compte rendu cité plus loin, l'Œuvre put se faire affecter 35 puis 50 lits au sanatorium marin de Roscoff; là elle assume toutes les charges nécessitées par le traitement des enfants jusqu'à complète guérison.

L'intervention spontanée de quelques personnes charitables mit l'Œuvre en mesure de subvenir aux premières dépenses; de nouvelles collaborations, des dons réguliers permirent de ranger à côté des petits lits blancs de 1917 de nouveaux petits lits blancs.

Du 1er juin 1917 au 1er janvier 1920, 99 enfants, ont reçu au sanatorium marin les soins que comportait leur état, 50 sont encore en traitement, 46 sont revenus guéris, complètement guéris, car, suivant les paroles de Mlle Gilberte Salinas, « il ne s'agit pas ici d'infirmes rendus à la société dans un état des plus précaire et qui seront des non-valeurs ; pris pour la plupart au début de leur affection une fois guéris ils redeviennent tout à fait nouveaux ou très légèrement disgraciés. »

Un coup d'œil jeté sur le tableau placé à la fin de cette notice montrera l'œuvre déjà accomplie et permettra de se rendre exactement compte de l'utilité, de l'efficacité du traitement suivi. Selon la gravité du cas, la durée de la cure peut se prolonger de quelques mois à quelques années, en tout cas elle doit être conduite jusqu'à complet achèvement. Sortis du sanatorium, les enfants guéris doivent, tous les trois mois, subir une visite médicale et les soins nécessaires leur seront donnés à nouveau s'il en est besoin. Pour quelques-uns, certainement, un nouveau séjour de deux à trois mois au sanatorium sera nécessaire afin de parfaire la guérison. On espère mener ainsi ces enfants jusqu'à l'âge adulte en surveillant leur travail, en les aiguillant de préférence vers les métiers exercés au plein air.

L'Œuvre des Petits Lits Blancs n'accueille absolument que les enfants reconnus guérissables (cette condition fait partie des statuts), mais en dépit de cette restriction elle est bien loin de pouvoir faire face aux sollicitations qu'elle reçoit.

Le cœur serré nous nous rappelons que l'œuvre a dû refuser plus de 100 enfants depuis sa fondation! plus de 100 enfants qu'elle aurait probablement guéris et qu'il a fallu renvoyer à leur misère, abandonner à leur mal parce qu'il faut de l'argent pour fonder de nouveaux lits et que l'Œuvre a bien juste l'argent nécessaire pour entretenir les lits existant déjà!

Or, nous le répétons, différer, même de quelques mois, l'admission d'un enfant atteint de tuberculose osseuse c'est, dans la plupart des cas, l'irrévocable condamnation du petit malade.

Il ne faut pas permettre de telles condamnations, il ne faut pas que des petits qui demandent à vivre souffrent et meurent, il ne faut pas que des parents, le cœur déchiré d'angoisse, supplient en vain qu'on sauve leur enfant.

Il faut de l'argent pour accomplir cette œuvre miraculeuse : rendre la santé; il en faut le plus vite possible car tous les jours qui passent emportent des espoirs.

Toutes les familles privilégiées possédant des enfants pleins de vie, des enfants qu'ils peuvent soigner suivant tous leurs besoins, se feront un devoir de participer, chacune selon ses moyens, au relèvement physique et moral des petits innocents que tout leur recommande, et elles verront, dans cet acte de charité humaine et patriotique envers les enfants des autres, la meilleure des protections et sauvegardes pour les leurs.

Toute personne se chargeant de l'entretien d'un enfant sera intéressée directement au sort de son protégé, et recevra, mensuellement, un bulletin de santé. L'entretien d'un enfant est aujourd'hui de 1.200 francs par an. C'est là une cotisation d'importance exceptionnelle et si l'Œuvre reçoit avec une reconnaissance émue de si généreux dons, ce qu'elle sollicite également avec une vive ardeur, ce sont toutes les cotisations jusqu'aux petites, aux plus petites, 20 francs, 10 francs par an qui, régulièrement versées, constitueront les sommes nécessaires, les sommes libératrices.

L'Œuvre des Petits Lits Blancs s'adresse à tous les cœurs... par conséquent à toutes les bourses. En vérité ceux qui peuvent être plus heureux de sentir qu'ils ont soulagé des petits, consolé des parents, ajouteront leur nom à tous ceux qui constituent déjà la liste de nos fidèles souscripteurs.

---

## Compte rendu de la Séance du 9 Février 1919.

Le 9 février 1919, à 14 heures 30, se sont réunis, en Assemblée générale, les Membres de la Société « *Les Petits Lits Blancs* », au siège social, 60, rue des Saints-Pères.

Madame Henri LAVEDAN, présidente de l'Œuvre, ouvre la séance par la lecture du rapport suivant :

Mesdames, Messieurs,

Les rapports médicaux et financiers qui vont vous être lus établiront d'une façon suffisamment précise l'état actuel des *Petits Lits Blancs*. Je n'ai donc pas, heureusement pour vous et pour moi, de discours à vous faire, pour vous mettre au courant des résultats appréciables de notre jeune Association. Je vous demanderai seulement de dire, en peu de mots, toute notre gratitude aux amis de la première heure qui nous ont accordé leur généreux appui.

Nous avons déjà, hélas ! deux deuils à inscrire à notre comité d'honneur. Madame la comtesse DE VALENCIA, qui s'était intéressée d'une façon touchante à nos débuts, qui nous suivait avec une sollicitude dont nous garderons le souvenir ému, a laissé vide dans le cœur de ses amis une place que nul charme ne pourra combler. Enfin, nous avons été profondément atteints par la perte de notre cher grand Rostand, qui nous avait apporté dans son élan spontané l'aide incomparable de son cœur et de son génie; qui de nous ne conserve à jamais gravées dans sa mémoire les strophes délicieuses de la complainte que notre illustre et tendre ami voulut bien, il y a moins d'un an, composer et venir dire lui-même au Cinéma Récamier, pour les *Petits Lits Blancs*, en une séance inoubliable !

Ainsi, deux croix sont déjà plantées près de nos berceaux, elles les protégeront.

Il nous faut remonter aux premières heures de notre formation, pour distribuer, sans les mesurer, nos tributs de reconnaissance.

Lorsque, sollicités par l'appel émouvant de Mlle Gilberte Salinas, que sa profession appelait à côtoyer tous les jours la détresse enfantine, nous avons formé un groupe apitoyé d'amis de bonne volonté, parmi lesquels Mmes Paul Thomas et Joseph Bail, nous avons aussitôt trouvé, auprès de M. le Professeur Pinard, le grand appui moral dont nous nous honorons, et Mme la Marquise de Laborde, toujours en quête de bien à faire, nous offrit généreusement nos premiers subsides. Maître Chenu, rassurant notre inexpérience avec une bonne grâce dont nous ne pourrons jamais assez le remercier, voulut bien nous guider dans la carrière, et non content de nous prodiguer ses conseils, y ajouter ses dons.

En même temps, M. Léon Bailby, directeur

de l'*Intransigeant*, ouvrant pour nous sa bourse aussi largement que son cœur, mettait à notre disposition les colonnes de son probe et vaillant journal, dont l'immense publicité n'a cessé de nous attirer des bienfaiteurs nombreux nous demeurant fidèles.

Après le premier article de notre cher vice-président, M. le Révérend docteur WATSON et M. CARROLL of CARROLLTON nous apportaient le soutien du Relief Clearing House, nous déterminant ainsi à faire un envoi immédiat de dix enfants au bord de la mer. Ici nous nous heurtions tout d'abord à de grandes difficultés à un moment où toutes les maisons de santé, mobilisées, étaient complètes ou sans personnel. Nous n'aurions pu réaliser notre projet sans la complaisance inlassable et vraiment affectueuse de Mme la vicomtesse de FONTENILLIAT, présidente du sanatorium marin de Roscoff, qui, non seulement fit resserrer les petits lits de ses protégés pour faire place aux nôtres, mais organisa, avec la merveilleuse collaboration de la Supérieure-Directrice de l'établissement, l'hospitalisation de quarante enfants, que nous leur avons envoyés successivement et qui se sont renouvelés au fur et à mesure des guérisons. Un baraquement militaire que le ministre de la Guerre, M. PAINLEVÉ, voulut bien nous accorder sans délai, avait aidé à cette hospitalisation.

Les redevances matérielles auxquelles nous nous sommes engagés n'acquitteront jamais la dette que nous nous reconnaissons vis-à-vis des femmes admirables qui soignent nos petits, tellement choyés, que seules, leurs physionomies heureuses, plus encore que les surprenants résultats médicaux, disent les maternelles intentions dont ils sont entourés. C'est discrètement et de loin que j'adresse nos remerciements aux *Bonnes Sœurs*, tout étonnées de les mériter. Ce n'est pas de nous qu'elles attendent leur récompense.

Le Révérend docteur WATSON a continué à s'intéresser aux *Petits Lits Blancs*, même depuis qu'il a regagné son pays, et nous recevons fréquemment des sommes importantes dues à ses éloquents articles et à sa générosité personnelle.

L'Amérique, du reste, par nos aimables marraines, Mmes WALTER GAY, PAUL DUPUY, TOULMIN, nous a témoigné et nous témoigne encore sa fraternelle protection, car la Croix-Rouge américaine nous a accordé, l'an dernier, une subvention de vingt mille francs.

Nous avons l'honneur de nommer parmi nos bienfaiteurs Son Excellence M. JUSSERAND, ambassadeur de France à Washington, et Mme JUSSERAND.

Le Brésil, auprès duquel la grâce et la sensibilité de Mme OLYNTHO de MAGALHAES ont si bien su plaider notre cause, est venu aussi à notre secours, et la charmante fée, prodiguant ses coups de baguette pour attirer les cotisations autour de la sienne, nous a encore apporté la surprise d'un magnifique petit Noël. Enfin nous avons trouvé des amis dévoués partout, et tous les membres du comité d'honneur et du comité d'administration ne m'en voudront pas si je dis que c'est à leur charité confiante et généreuse que nous devons la joie d'avoir déjà réalisé tant de bien.

Je remercie particulièrement M^lle^ Salinas qui a assumé la lourde tâche de la surveillance médicale; recevant, choisissant les enfants, les suivant dans leur cure, faisant sans calculer ses forces les voyages nécessaires quand elle croit sa présence utile au sanatorium, où son intervention chirurgicale a été plus d'une fois réclamée avec succès. Mais je ne veux pas mettre sa modestie à l'épreuve et la gêner dans sa charge qui est aujourd'hui de nous dire notre compte rendu sanitaire.

M^lle^ Nivard, l'âme agissante de l'Œuvre, s'est multipliée de toutes les façons depuis le commencement, avec un dévouement et une bonne humeur infatigables qui lui ont fait décerner, par l'*Intransigeant*, le titre de secrétaire générale qu'elle a dû accepter malgré elle et joindre à celui de trésorière qu'elle partage avec M^me^ Lamarque. Nos deux précieuses collaboratrices font preuve, en ces fonctions qui leur étaient nouvelles, d'un zèle et d'une compétence qui leur valent notre admiration.

C'est aussi avec la gentillesse la plus simple et la plus dévouée, que M^lle^ Tournay nous a consacré tout le temps qu'elle dérobe, avec tant de mérite, à des études et des occupations qui ne lui laissent que peu de loisirs. Elle s'est dépensée sans compter, et M^lle^ Pionnier qui est venue, depuis, la soulager dans sa besogne, saura comme elle trouver plus de satisfaction dans le bien qu'elles accomplissent que dans les remerciements que nous leur adressons.

Nous devons aussi mentionner quel empressement à nous aider nous avons toujours rencontré à l'Hôpital Saint-Louis aussi bien auprès du directeur, des chefs de service, des internes; que des infirmières dévouées accompagnant les enfants à Roscoff, les ambulanciers les menant à la gare et tous les employés.

Enfin, nous nous réunissons tous pour dire à notre généreux ami, M. Paul Perrin, tout le succès qu'a obtenu la jolie brochure des *Petits Lits Blancs* qu'il a éditée avec un soin et un goût qui rendent invraisemblables toutes les crises du papier, nous avons été on ne peut plus sensibles à la délicatesse de sa libéralité.

A Mme FAUCHIER MAGNAN, notre rédactrice en chef, à Mme FAUCHIER DELAVIGNE, notre photographe officielle, à tous en général, à chacun en particulier, je crie notre reconnaissance, car tous et toutes vous avez apporté le meilleur de votre cœur.

Vous trouverez, dans le bien même que vous aurez fait, le bien qui vous est dû, en retour, en comptant dès aujourd'hui et chaque année davantage, les chères petites existences que vous aurez sauvées, et qui, sans vous, auraient été perdues pour la France.

---

Mlle Salinas, Conseil Médical de la Société, présente son rapport :

Mesdames, Messieurs,

Notre présidente, Mme Lavedan, vient de vous faire le rapport général de l'œuvre avec sa précision coutumière. Je ne lui adresserai qu'un reproche : celui d'être trop indulgente envers ses collaboratrices, mais il en est toujours ainsi, il n'y a que les riches qui soient généreux. Nous savons tous en effet avec quel enthousiasme, Mme Lavedan s'est vouée à nos petits malades.

Nous nous souvenons avec émoi du début de cette œuvre alors que sentant si vivement la misère physique et matérielle des enfant confiés à nos soins, nous avons trouvé dans sa pitié émue, dans l'énergie de son cœur généreux, l'aide précieuse qui nous manquait encore.

C'est, par ma voix, tous nos chers petits malades qui la remercient avec la joie de la santé reconquise, et leur reconnaissance va encore à M. Lavedan, si dévoué à l'œuvre, et qui n'épargna aucun effort, aucune peine pour augmenter ses ressources, à tous nos amis et protecteurs de la première heure que Mme Lavedan a nommés tout à l'heure, à nos dévouées collaboratrices de Roscoff, qui, si aimablement, si intelligemment secondent nos efforts, à vous tous Mesdames et Messieurs qui, par votre aide efficace, avez fait de la modeste tentative de juin 1917 une œuvre solide et tendant chaque jour à devenir plus importante.

Nous allons voir ensemble, si vous le voulez bien, comment et dans quelles proportions elle a atteint le but qu'elle se proposait.

Nous avons fait notre premier convoi le 1er juin 1917. Le dernier a eu lieu le 25 janvier 1919. Durant ces 19 mois, 70 enfants ont été, par nos soins, envoyés à Roscoff. Notons que sur ces 70 enfants, un petit malade a été envoyé en traitement 2 fois pour deux affections différentes, ce qui porte en réalité à 71 le nombre de départs.

Je ne vous lirai pas la liste de nos petits protégés que vous pourrez consulter dans les livres mis à votre disposition. Je veux simplement vous dire ce que sont devenus ces enfants. Sur les 70 :

Un, Lucien Guttin, coxalgie fistulisée, est mort de méningite tuberculeuse, complication redoutable des tuberculoses osseuses qu'il nous sera donné malheureusement de rencontrer quelquefois chez nos petits protégés et contre laquelle nous sommes absolument désarmés.

Deux ont été rendus à leur famille : la petite Coustillier, mal de Pott, la petite Guilliet, ostéites et arthrite des membres inférieurs, comme supportant mal le climat maritime.

Une pour laquelle on n'a pas suivi nos conseils et que l'on nous a enlevée soi disant pour la faire opérer par nous à l'Hôpital Saint-Louis et dont nous n'avons plus de nouvelles, la petite JAROSSEY, arthrite tibio-tarsienne.

Deux que les parents ont retirées sous leur propre responsabilité avant complète guérison, la petite VALLET, arthrite tibio-tarsienne, la petite BOTTOU, adénites cervicales fistulisées,

40 sont en traitement actuellement, 25 ont été rendus à leurs parents complètement guéris, 2 en parfait état de santé.

En voici la liste :

ANDRÉE GACHER, Ostéite du cubitus droit et du tarse gauche opérée à Saint-Louis, rentrée le 24 mai 1918. Cicatrices parfaites, état général florissant.

BENJAMIN RAGHETTO, Arthrite tibio-tarsienne droite fistulisée ayant subi plusieurs interventions à l'hôpital Saint-Louis sans résultat. Au mois de juillet, l'enfant se cachectisant, les lésions du pied empirant, l'amputation est décidée. Il est rentré le 25 janvier ayant grossi de 20 kilos et en parfait état.

MARGUERITE CERTEAUX, Ostéite de l'extrémité inférieure du péroné, opérée aussi par nous, qui est rentrée le 16 décembre 1917 parfaitement cicatrisée. L'état général est excellent.

ROBERT HENRI, Spina Ventosa du premier métacarpien gauche opéré à l'hôpital Saint-Louis et à Roscoff, rentre le 24 mai 1918, très développé et guéri.

LOUIS GATTÉ, Arthrite du coude droit fistulisée, rentre le 24 mai 1918, parfaite guérison avec conservation des mouvements.

Gilbert Jouan, Mal de Pott cervical au début, guéri sans ankylose au 16 décembre 1917; c'est le même enfant qui dû être envoyé dans un convoi ultérieur pour adénites cervicales. Il est encore en traitement.

Augustine Vassort, Abcès froid de l'extrémité inférieure de l'humérus droit cicatrisé rapidement et rendue à l'orphelinat où elle est élevée, le 16 décembre 1917.

Max Ollivier, Ostéite du péroné fistulisée opérée à Saint-Louis et à Roscoff, guéri avec légère ankylose de l'articulation tibio-tarsienne.

Céleste Debie, Arthrite bacillaire du genou gauche fistulisée opérée à Saint-Louis, puis à Roscoff, complètement guérie et reprise par ses parents le 23 décembre 1918 en parfait état de santé.

Henri Vigne, Coxalgie droite au début qui, après 18 mois de traitement, est rentré présentant une articulation tout-à-fait normale et sans aucune limitation de mouvements. Le Docteur J. Renault à qui il fut montré fut intéressé tout particulièrement par lui et par le succès qu'il représente.

Georgette Darosey, Mal de Pott dorsal ayant déjà été traité depuis 1 an, guérison avec ankylose et légère gibbosité.

Fabienne Allard, Arthrite de la hanche droite. Guérison complète au 20 février 1918; son état général est si bon qu'elle est à peine reconnaissable.

Charles Le Petit, Rachitisme avec génuvalgum. Retour le 16 décembre 1918 en excellent état de santé, ce qui permet l'opération du génuvalgum que nous avons effectué à Saint-Louis et qui corrigea sa difformité.

Gérard Debeuf, Rachitisme, rentré le 24 mai 1918, amélioré.

Robert Pestour, Mal de Pott dorsal inférieur guéri complètement et sans laisser de traces au 21 novembre 1918.

Charlotte Deneuchatel, Arthrite bacillaire du genou complètement guérie au 31 septembre 1918 sans aucune limitation de mouvements.

Désiré Périaud, Amputation du pied droit pour arthrite tibio-tarsienne, rentré le 24 mai 1918 en parfait état de santé.

Gabriel Damiat, Luxation de la hanche gauche réduite deux fois à l'hôpital Trousseau. La réduction n'a pas tenu. L'enfant s'est cependant très amélioré, 31 septembre 1918.

Pierre Pouilly, Arthrite tibio-tarsienne droite guérie avec légère ankylose, 24 mai 1918.

Lucien Gauthier, Adénites cervicales fistulisées complètement fondues et cicatrisées au 25 janvier 1919.

Gaston Louer, Anémie et douleurs articulaires, tout-à-fait bien portant à son retour en juillet 1918.

ÉLISE CHARLET, Adénites cervicales fistulisées parfaitement cicatrisées en janvier 1919.

HONORÉ DECKER, Adénite pré-auriculaire fistulisée, opérée, tout-à-fait guéri le 25 janvier 1919 et très amélioré au point de vue mental qui était déficient.

ANDRÉ DELANOY, Arthrite de la hanche en parfait état général et local le 25 janvier 1919.

LOUIS DESPLANQUES, Ostéites fistulisées du tarse en parfaite guérison.

Soit : 6 Ostéites.
13 Arthrites des Membres.
4 Maux de Pott.
5 Adénites.
1 Abcès froid.
5 Rachitiques.

Donc résumons : 1 Mort
2 Enfants mal acclimatés.
3 Enfants dont les parents pour des raisons de famille (retour du père, brouille entre le père et la mère, etc.) nous ont empêché de mener à bien la guérison.

40 en traitement.
25 guéris.

Tout ceci est bien aride. Avant de terminer, je voudrais bien faire remarquer qu'il ne s'agit pas ici d'infirmes rendus à la Société dans un état des plus précaires et qui seront des non-valeurs. Pris pour la plupart au début de leur affection, une fois guéris ils redeviennent tout-à-fait normaux ou très légèrement disgraciés. Nous ne comptons en tout que 2 amputations rendues indispensables par l'état local des lésions. Il est vrai que dans l'avenir, le nombre de nos lits augmentant, nous devrons prendre des tuberculeux plus avancés, de pronostic moins bon, qui sont, il faut bien le dire, les plus nombreux.

Pour le moment le résultat est des plus satisfaisant tant au point de vue de la santé que de l'utilisation possible de cette santé. Les photographies que l'on pourra mettre sous vos yeux seront plus éloquentes à ce sujet que toutes les paroles.

Le rapport financier est présenté par la Trésorière, Mlle Nivard :

## RAPPORT FINANCIER

Mesdames, Messieurs,

Nous avons l'honneur de vous rendre compte des résultats des opérations effectuées par votre Société depuis sa fondation (mai 1917) jusqu'au 31 décembre 1918.

Les recettes se sont élevées à : 210.627 fr. 92 et ont été constituées par :

1° Dons et Cotisations s'élevant à 203.304 fr. 90

Soit pour { 1917 . . . 73.962 fr. 25
1918 . . . 129.342 fr. 65

2° Intérêts des sommes en compte chez nos

banquiers, des Bons de la Défense Nationale et des valeurs en portefeuille s'élevant à 7.323 fr. 02.

Nos dépenses ont été de 53.343 fr. 95, décomposées ainsi qu'il suit :

| | EN 1917 | 1918 | TOTAL |
|---|---|---|---|
| 1° Sanatorium . . | 10.807 » | 38.025 05 | 48.832 05 |
| 2° Trousseaux. . . | 557 60 | 85 90 | 643 50 |
| 3° Voyages . . . | 1 242 70 | 861 30 | 2.104 » |
| 4° Frais généraux et frais de banque | 367 70 | 1.396 10 | 1 763 80 |
| | 12.975 » | 40.268 95 | 53.343 95 |

Notre compte profits et pertes se solde donc par un crédit de 157.283 fr. 97

L'actif réalisable est constitué par cette somme à laquelle il y a lieu d'ajouter 900 francs de plus-value sur la rente française 4°/₀ 1918 au cours du 31 décembre 1918. Il se décompose comme suit :

| | |
|---|---|
| 1° Bons de la Défense Nationale. . . . | 82.860 |
| 2° 3.600 fr. Rente française 4 0/0 (1918). | 64.620 |
| 3° Compte courant banquiers . . . . . | 9 513 42 |
| 4° Solde en Caisse. . . . . . . . . . . | 1.250 55 |
| Total. . . | 158.183 97 |

Les comptes sont approuvés à l'unanimité.

La motion proposée par la Présidente de réclamer pour les « *Petits Lits Blancs* » la reconnaissance d'Utilité publique, réunit tous les suffrages, et, aussitôt, les membres présents apposent leur signature, sur la lettre de demande qui doit être remise au Ministre.

*La Séance est levée à 16 heures.*

---

*État des Recettes et des Dépenses en 1919.*

| | |
|---|---|
| Les recettes se sont montées à la somme totale de . . . . . . . . . . . . . . . . | 49.640 32 |
| Et ont été constituées par : | |
| 1° Les dons et cotisations . . . . . . . . | 41.859 25 |
| 2° Les intérêts des valeurs en portefeuille. | 7.781 07 |
| Total égal . . . . | 49.640 32 |
| Les dépenses ont été de . . . . . . . Fr. | 58.960 60 |
| 1° Sanatorium. . . . . . . . . . . . . . . | 56 515 70 |
| 2° Voyages . . . . . . . . . . . . . . . . | 1.752 40 |
| 3° Frais divers . . . . . . . . . . . . . | 692 50 |
| Total égal . . . . | 58.960 60 |
| L'excédent des dépenses sur les recettes a été de. . . . . . . . . . . . . . . Fr. | 9.320 28 |

---

| | | |
|---|---|---|
| L'actif réalisable au 31 décembre 1919, représenté par les espèces en caisse, les Bons de la Défense Nationale et les valeurs en portefeuille est de Fr. | | 148.818 69 |
| Espèces . . . . . . . . . . . . . . . . . . | | 9.253 69 |
| Bons de la Défense . . . . . . . . . . . | | 74.000 » |
| Valeurs : | | |
| 3.600 fr. de rente 4 0/0 1918 au cours de ce jour (71,75). | 64.575 » | |
| 2 obligations du Crédit National au cours d'émission. | 990 » | |
| | 65.565 » | 65.665 » |
| Total égal . . . . | | 148.818 69 |

*N.-B.* — Sur le prix d'achat de la Rente au cours d'émission (63.720 fr.) il y a plus-value de 855 francs.

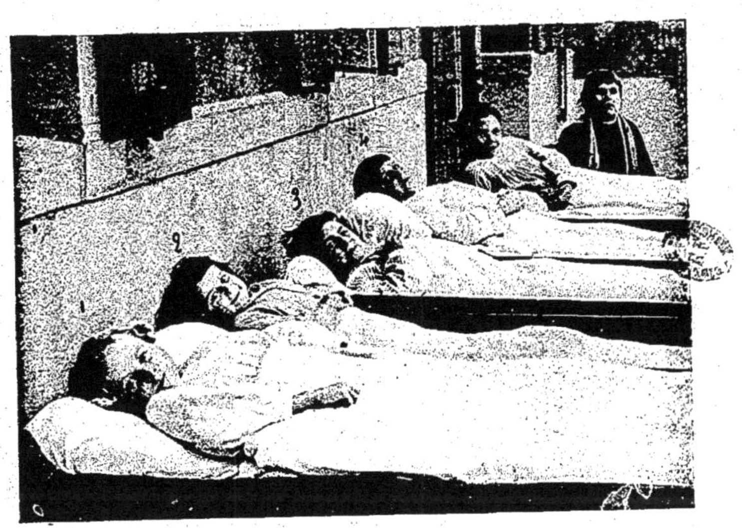

NOS ENFANTS A ROSCOFF

1. Berthe Vervelle. — 2. Adrienne Pataud. — 3. Flora Pezzella. — 4. Berthe Cavaïotti.
5. Simone Chappée. — 6. Céleste Debie.

# TABLEAU

DE

# L'ÉTAT SANITAIRE DES ENFANTS HOSPITALISÉS A LA DATE DU 31 DÉCEMBRE 1919

| NOMS | AGE | MALADIE | PARTI LE | ÉTAT AU DÉPART | ÉTAT ACTUEL |
|---|---|---|---|---|---|
| Hélène Vergeot . | 13 ans. | Arthrite bacillaire fistulisée de l'épaule droite. | 1er juin 1917. | Epaule tuméfiée, rouge, douloureuse, suppurante. A subi une intervention chirurgicale. P. : 26 kg. | La guérison lente paraît s'affirmer. Plus de douleurs, suppuration à peu près nulle. Epaule revenue à son volume normal. Parfait état général. |
| Robert Legrand . | 10 ans. | Coxalgie grave avec gros empâtement de l'articulation et menace d'abcès. | 1er juin 1917. | Malade anémié, très amaigri, est triste et abattu. P. : 14 kg. | Guérison. Articulation complètement indolore. Malgré un raccourcissement de 3 centimètres, l'enfant marche et court toute la journée sans fatigue. |
| Louis Desplanque | 6 ans. | Ostéo-arthrite médio-tarsienne fistulisée. | 1er juin 1917. | Fistule suppurant beaucoup et résistant à tous les traitements. Un grattage a été tenté sans succès. P. : 13 kg. | Guérison. L'enfant est rendu à ses parents en août 1918 en parfait état local et général. |
| Andrée Gacher. . | 7 ans. | Ostéite bacillaire fistulisée du cubitus et arthrite tibio-tarsienne. | 1er juin 1917. | Ostéites réfractaires à tous traitements. Deux interventions n'ont donné aucun résultat. | L'enfant est de retour de Roscoff le 24 mai 1918. Parfait état général. Les fistules sont cicatrisées, les mouvements du pied sont conservés. Elle est placée par nos soins dans un couvent à Orléans, où lui sont assurées instruction et éducation. |
| Berthe Vervelle . | 9 ans. | Mal de Pott dorsal et coxalgie droite. | 1er juin 1917. | Enfant très atteinte. Organisme débilité paraissant sans ressources. | L'enfant s'ennuyant loin de ses parents et son état s'aggravant est rendue à sa famille en juillet 1919. Son état s'améliore un peu. Le pronostic reste grave. |

3

| NOMS | AGE | MALADIE | PARTI LE | ÉTAT AU DÉPART | ÉTAT ACTUEL |
|---|---|---|---|---|---|
| Benjam. Raghetto | 14 ans. | Arthrite tibio-tarsienne droite fistulisée. | 4 juil. 1917. | Enfant très anémié par un long séjour à l'hôpital. Pied œdématié. Ses fistules nombreuses n'ont pas cédé à deux interventions. Le pronostic est grave. | Après des alternatives d'am lioration, les lésions empire et l'état général devenant quiétant, on procède à l'amp tation. L'opération est parfai ment supportée et l'enfant rendu à sa mère le 25 janv 1919, ayant augmenté de 20 k |
| Simonne Chappée | 11 ans. | Coxalgie. | 4 juil. 1917. | Articulation douloureuse. Mouvements limités. Raccourcissement apparent. | Ankylose à peu près compl en bonne position. Raccourc sement de deux centimètr Aucune douleur. Pourra ét rendue à ses parents au pri temps prochain. |
| Flora Pezzela . . | 8 ans. | Mal de Pott dorsal avec gibbosité et paraplégie. | 4 juil. 1917. | Malade gravement atteinte et dont l'état général laisse à désirer. | Très bon état général. Colon vertébrale indolore. En bon voie. |
| Renée Pourtoy. . | 10 ans. | Coxalgie. | 4 juil. 1917. | Arthrite avec empâtement. Mise en plâtre depuis 4 mois. | Ankylose complète, raccou cissement 2 centimètres. Marc facile. Rendue à ses parents 12 octobre 1919 guérie. |
| Robert Henry . . | 5 ans. | Spina ventosa du premier métacarpien fistulisée. | 4 juil. 1917. | Fistule au niveau de la base du pouce gauche, suppuration légère. Quelques fongosités que l'on enlève lors d'une petite intervention pratiquée au Sanatorium. | Rendu à ses parents le 24 m 1918 en parfait état général. |
| Louis Gatté . . . | 9 ans. | Arthrite bacillaire du coude fistulisée. | 26 juil. 1917. | Arthrite ancienne. Suppuration. Pas d'œdème. Bon état général. | Fistule complètement tari Articulation sèche. Mouvemen légèrement limités dans l'exte sion. Parfait état général. Rent chez lui le 24 mai 1918. |

| NOMS | AGE | MALADIE | PARTI LE | ÉTAT AU DÉPART | ÉTAT ACTUEL |
|---|---|---|---|---|---|
| lbert Jouan . . | 9 ans. | Adénites cervicales fistulisées. | 20 mai 1918. | 2 fistules cervicales avec empâtement ganglionnaire. | Malade déjà soigné pour un mal de Pott, guéri est rendu à ses parents le 12 octobre 1919 en parfait état de santé. |
| ax Olivier. . . | 8 ans. | Ostéite bacillaire du péroné fistulisée. | 26 juil. 1917. | Plaies fongueuses, ayant subi plusieurs interventions. Les lésions tendent à s'aggraver. | Pied complètement cicatrisé. Marche aisée. Rendu à ses parents le 31 septembre 1918. |
| arie-L. Jarossay. | 16 ans. | Arthrite tibio-tarsienne et lupus du bras. | 26 juil. 1917. | Pied gauche très œdématié. Fistules nombreuses. Anémie profonde après un long séjour à l'hôpital. | Lupus à peu près guéri. Le mauvais état général et local fait penser à une amputation. La mère ne donne pas son consentement et nous enlève sa fille dont nous n'avons plus de nouvelles. |
| erthe Cavaiotti . | 15 ans. | Mal de Pott fistulisé. | 26 juil. 1917. | Mal de Pott ancien suppurant beaucoup. L'état général est cependant bon. | Suppuration complètement tarie depuis le mois de mai. Colonne vertébrale indolore. Bon état général. Rentrera avec le prochain convoi. |
| éleste Debie . . | 14 ans. | Arthrite bacillaire du genou fistulisée. | 26 juil. 1917. | L'enfant est triste, abattue, ayant subi de grandes privations en pays envahi. Les fistules nombreuses ne permettent pas l'immobilisation dans un appareil de plâtre. | Fistules taries. Genou ayant repris son jeu normal. Rentre chez elle guérie le 23 décembre 1918. |
| drienne Pataud. | 4 ans. | Mal de Pott dorsal. | 26 juil. 1917. | Mal de Pott dorsal au début. L'enfant manque d'appétit et réagit mal à l'immobilisation. | Bon état général. Aucune douleur locale. En bonne voie de guérison. |
| lenri Vignes . . | 10 ans. | Coxalgie droite. | 26 juil. 1917. | Coxalgie au début. | Articulation tout à fait libre sans limitation de mouvements. Guérison complète. Rentre chez lui le 25 janvier 1919. |

| NOMS | AGE | MALADIE | PARTI LE | ÉTAT AU DÉPART | ÉTAT ACTUEL |
|---|---|---|---|---|---|
| And. Coustillier . | 8 ans. | Mal de Pott avec gibbosité. | 26 juil. 1917. | Abcès nécessitant ponctions répétées. | L'enfant a beaucoup souffe de l'éloignement de sa mèr Nous conseillons à sa famil de la reprendre en août 1919. |
| Georgette Darosey | 8 ans. | Mal de Pott dorsal avec gibbosité. | 10 août 1917. | Soignée et immobilisée depuis 6 mois. | Rendue à sa famille le 31 se tembre 1918 guérie, gibbosité pe marquée. |
| Gérard Debeuf. . | 5 ans. | Rachitisme. | 10 août 1917. | Enfant débile, vacillant sur ses jambes et ne parlant que difficilement. | Retour le 24 mai 1918. L'e fant marche solidement, il e fort et musclé et s'exprim mieux. |
| Robert Pestour . | 5 ans. | Mal de Pott dorsal. | 10 août 1917. | Mal de Pott au début. | Retour le 21 novembre 19 en bon état. |
| Ch. Deneuchâtel . | 9 ans. | Arthrite bacillaire du genou. | 10 août 1917. | Arthrite ancienne en bonne voie. | Rendue à sa famille le 31 se tembre 1918. L'enfant marc normalement sans limitation d mouvements. Etat général pa fait. |
| Désiré Périaut . | 13 ans 1/2 | Amputé pour arthrite bacillaire du pied. Adénites cervicales. | 8 déc. 1917. | Très anémié. | Retour 24 mai 1918. Très bo état général. A grandi et présen une mine florissante. |
| Yvonne Senaillac | 9 ans 1/2 | Osthéo-arthrite métatarso phalangienne (second orteil du pied gauche) fistulisée. | 8 déc. 1917. | Lésions ayant résisté à tous les traitements. | Rendue à sa famille le 1 septembre 1919, complètemen guérie. |
| Madeleine Bouvet | 7 ans. | Ostéite fistulisée du deuxième métacarpien droit. Adénite cervicale fistulisée. | 8 déc. 1917. | Mauvais état général. Conditions hygiéniques particulièrement défavorables. Suppuration persistante. | Fistules taries. En bonne voi de guérison. |

| NOMS | AGE | MALADIE | PARTI LE | ÉTAT AU DÉPART | ÉTAT ACTUEL |
|---|---|---|---|---|---|
| Gabriel Damiat. . | 4 ans. | Adénites cervicales et rachitisme. | 8 déc. 1917. | Enfant très anémié, présentant de la coxa-vara. | Retour le 31 septembre 1918. Excellent état général. La boiterie persiste. |
| Pierre Pouilly. . | 7 ans. | Arthrite tibio-tarsienne ancienne. | 8 déc. 1917. | Mauvais état général. Adénites cervicales. Lésions locales en voie de guérison. | Malade a fait une rechute. Est en traitement actuellement et en bonne voie. |
| Lucien Gauthier. | 11 ans. | Adénites cervicales en évolution. | 12 févr. 1918. | Anémie. Parents tuberculeux. Conditions hygiéniques très défavorables. | Adénites tout à fait fondues. Aucun empâtement. Etat général parfait. Retour 25 janvier 1919. |
| Gaston Louer . . | 15 ans. | Anémie et adénite. | 12 févr. 1918. | Grande faiblesse. Douleur au niveau des épiphyses. | Rentre dans sa famille en juillet 1918. Etat de santé parfait. |
| Jean Delacroix. . | 11 ans. | Tumeur blanche du genou ancienne. | 12 févr. 1918. | Genou globuleux, douloureux en flexion. | Grosse albuminerie. Dégénérescence amyloïde. Décès le 18 mai 1919. |
| André Delamotte. | 14 ans. | Arthrite bacillaire du genou. | 12 févr. 1918. | Grosse tuméfaction du genou avec abcès que l'on ponctionne régulièrement. Anémie profonde et tendance à localisations diverses (sternum, premier métatarsien). | Genou revenu à son volume normal, indolore, articulation sèche. Paraît en bonne voie. |
| Adrienne Bottou. | 12 ans. | Adénite cervicale fistulisée. | 12 févr. 1918. | Suppuration légère ayant résisté au traitement général et local. | Fistules très améliorées. La malade est reprise par ses parents en juillet 1918 avant complète guérison. |
| Paulette Dupuis . | 7 ans. | Arthrite bacillaire du genou. | 12 févr. 1918. | Enfant très atteinte. | Toutes les fistules sont taries et fermées. Le genou est revenu à son volume normal. Très bon état général et local. |

| NOMS | AGE | MALADIE | PARTI LE | ÉTAT AU DÉPART | ÉTAT ACTUEL |
|---|---|---|---|---|---|
| Lucien Watelet . | 3 ans 1/2 | Mal de Pott dorso-lombaire avec gibbosité. | 20 mai 1918. | Enfant nerveux, irritable, difficile à soigner. | L'enfant s'est très bien hab tué. Les lésions suivent marche normale de la guér son. |
| Elise Charlet. . . | 14 ans. | Adénites cervicales fistulisées. | 20 mai 1918. | Lésions datant de janvier 1915, ayant résisté à tous traitements. | Rendue à sa famille le 25 ja vier 1919. Adénites complèt ment cicatrisées. Etat génér parfait. |
| Fernand Meyre . | 4 ans. | Mal de Pott dorsal inférieur. | 20 mai 1918. | Affection datant de septembre 1917. Enfant anémié. Abcès dans la fosse iliaque. | Bon état général. Abcès r sorbé. |
| Raymond Decker. | 7 ans. | Arthrite bacillaire du coude fistulisée. | 20 mai 1918. | Fistules nombreuses. Coude volumineux. | Articulation sèche. Ankylose angle droit. Guérison. L'enfa pourra revenir dans un procha convoi. |
| René Chassin . | 6 ans 1/2 | Arthrite du coude fistulisée. | 20 mai 1918. | Coude tuméfié, rouge, présentant de nombreuses fistules. | Légère amélioration. Les sions persistent sans aggrav tion. |
| Antoin. Winkel . | 17 ans. | Adénite cervicale avec empâtement. | 20 mai 1918. | Cou volumineux, adénites fluctuante et fistulisée. | Rendue à ses parents le juin 1919. Adénites fondues cicatrisées. Parfait état génér |
| André Delanoy . | 8 ans 1/2 | Arthrite de la hanche. | 20 mai 1918. | Envoyé plâtré par l'hôpital des Enfants Malades. | Rendu à ses parents le 25 ja vier 1919. Parfait état général local. |
| Honoré Decker . | 12 ans 1/2 | Adénite pré-auriculaire fistulisée. | 20 mai 1918. | Enfant craintif et peu intelligent. Suppuration persistante. | Rendu à ses parents le 25 ja vier 1919. Adénite complètem cicatrisée. Son intelligence p raît s'être développée. Il s maintenant lire et écrire. |

| NOMS | AGE | MALADIE | PARTI LE | ÉTAT AU DÉPART | ÉTAT ACTUEL |
|---|---|---|---|---|---|
| René Pineau. . | 14 ans. | Coxalgie. | 20 mai 1918. | Début en 1917. Mis en plâtre le 15 février 1918. | Bon état général. La guérison suit son cours normal. |
| Gast. Clémençon. | 6 ans. | Abcès costal fistulisé. Ostéo-arthrite de l'articulation métatarso-phalangienne du premier orteil. | 20 mai 1918. | Malade affaibli par un long séjour à l'hôpital. Mal développé. | Beaucoup moins de suppuration. Etat général meilleur. |
| R. Blancaneaux . | 6 ans 1/2. | Coxalgie. | 20 mai 1918. | Coxalgie grave avec empâtement de l'articulation et rotation externe de la cuisse. | Etat général moins bon. L'articulation suppure beaucoup. |
| Odette Soigniart . | 10 ans. | Ostéo-arthrite de l'articulation tibio-tarsienne | 26 juil. 1918. | Arthrite fistulisée ayant subi 2 grattages sans résultat. | Progrès lents, mais sûrs. Beaucoup moins de suppuration. |
| Paul Leleu . . . | 6 ans. | Arthrite de l'articulation tibio-tarsienne. Ostéite de l'avant-bras fistulisée. | 26 juil. 1918. | Arthrite fistulisée. Astragalectomie. Enfant au facies amaigri et douloureux. | Etat général bon. Plaie du pied complètement cicatrisée. L'enfant est plus vif. |
| Maurice Fougère. | 5 ans. | Coxalgie. | 26 juil. 1918. | Coxalgie au début. Etat général déficient. | Bon état général. La maladie suit son cours normal. |
| Emilienne Colin . | 4 ans 1/2. | Mal de Pott dorsal moyen. | 4 octob. 1918. | Petite gibbosité. Assez bon état général. | Etat local en voie de guérison. Très bon état général. |
| Lucien Jay . . . | 11 ans 1/2 | Arthrite tibio-tarsienne. | 4 octob. 1918. | Arthrite en cours de traitement. Enfant peu vigoureux. | Etat général très bon. L'arthrite est guérie. L'enfant reviendra par le prochain convoi. |
| Marcel Châtelain | 10 ans 1/2 | Ostéite du tiers inférieur du fémur fistulisée. | 4 octob. 1918. | Cuisse œdématiée. Suppuration abondante. Opéré 3 fois sans résultat appréciable. | Etat local stationnaire. Les fistules persistent Mais l'état général est bien meilleur. |

LES PETITS LITS BLANCS

| NOMS | AGE | MALADIE | PARTI LE | ÉTAT AU DÉPART | ÉTAT ACTUEL |
|---|---|---|---|---|---|
| Serge Huet . . . | 8 ans. | Arthrite tibio-tarsienne. | 4 octob. 1918. | Arthrite fistulisée ayant résisté à tous traitements. | Les fistules sont en bon voie de guérison. Bon pronost avec conservation probable d mouvements de la sous-astr galienne. |
| Roger L'Henri . . | 4 ans. | Ostéite du pied droit. | 4 octob. 1918. | Soigné depuis 2 ans à l'hôpital. A subi 2 grattages sans résultat appréciable. | Rendu à ses parents en parf état local et général, le 12 o tobre 1919. |
| Henri Ibrelisle. . | 13 ans. | Ostéite du tarse. | 4 octob. 1918. | Fistule. Pied en mauvais état. | État général très bon. Une fi tule s'est améliorée. |
| Suzanne Perraud. | 14 ans. | Abcès froids de la jambe et du pied fistulisés. | 22 janv. 1919. | Première lésion datant de mars 1916. | Guérison stable. Rendue à s parents le 12 octobre 1919. |
| Ray. Blancheteau. | 12 ans. | Coxalgie. | 22 janv. 1919. | Début des lésions en septembre 1917. | Coxalgie guérie par ankylos Pas de raccourcissement. |
| Mathilde Angot. . | 13 ans. | Arthrite de la hanche. | 22 janv. 1919. | Mise en observation. Le diagnostic de coxalgie ne se confirme pas. | Rendue à ses parents le octobre 1919, son articulatio de la hanche étant complètem libre. |
| Maurice Biro . . | 9 ans. | Ostéo-arthrite de l'articulation tibio-tarsienne. | 22 janv. 1919. | Articulation tuméfiée, douloureuse, tendue. | Fistulisation. Les plaies so en voie d'amélioration. |
| Jules Bouvet. . . | 11 ans. | Ostéite du calcanéum. | 23 juin 1919. | Fistule. Misère physiologique. | Très bon état général. Fistul cicatrisée. |
| Jeanne Crouzet . | 15 ans. | Mal de Pott et abcès froids. | 23 juin 1919. | Tuberculose à formes multiples. | État général bon.<br>État local stationnaire. |

| NOMS | AGE | MALADIE | PARTI LE | ÉTAT AU DÉPART | ÉTAT ACTUEL |
|---|---|---|---|---|---|
| Jeanne Dargance. | 15 ans 1/2 | Adénite cervicale. | 23 juin 1919. | Adénite sous-maxilliaire réfractaire à tout traitement. | Etat général bon L'adénite diminue. |
| Marie-L. Minet. . | 18 ans. | Mal de Pott cervical fistulisé. | 23 juin 1919. | Grande anémie et dépression nerveuse. | Très bon état général. Les fistules sont en bonne voie de guérison. |
| Angèle Devinck . | 12 ans. | Arthrite de la hanche. | 23 juin 1919. | Bon état général. | Rendue à ses parents en bon état. |
| Cécile Bizière . . | 6 ans 1/2. | Arthrite du genou. | 23 juin 1919. | Bon état général. Lésion au début. | Parfait état général. En bonne voie de guérison. |
| Roger Gérard . . | 11 ans. | Mal de Pott. | 23 juin 1919. | Mal de Pott datant de 1 an et demi. Anémie. | En bonne voie de guérison. |
| Madeleine Sasia . | 14 ans. | Adénite cervicale. | 23 juin 1919. | Adénite fistulisée. Mauvais état général. | Etat général très bon. Etat local bon. |
| Alex. Demecq . . | 12 ans 1/2 | Abcès froids du cou et de la main en voie de guérison. | 18 nov. 1918. | Bon état général. A dû être amputée du bras gauche à Saint-Louis. | En très bonne voie. Les fistules se ferment. |
| Roger Ratel . . . | 5 ans 1/2. | Abcès froids de la main droite. | 18 nov. 1918. | Soigné depuis un an à l'hôpital Saint-Louis sans résultats. | Etat général bon. Etat local en bonne voie. |
| Gil. Dambreville. | 7 ans 1/2. | Ostéite du maxillaire inférieur fistulisée. | 23 janv. 1919. | Fistule. Grattage. | Guérison complète en septembre 1918. Rendue à ses parents en parfait état local et général, le 12 octobre 1919. |
| Julien Tatard . . | 5 ans 1/2. | Arthrite de l'articulation tibio-tarsienne. | 22 janv. 1919. | Fistule. En bonne voie. | Etat général excellent. En bonne voie de guérison. |
| Juliette Boutet. . | 15 ans. | Adénites sous-maxillaires. | 22 janv. 1919. | Développement insuffisant. | Rendue à ses parents le 26 juin 1919, adénites cicatrisées. Etat général parfait. |

| NOMS | AGE | MALADIE | PARTI LE | ÉTAT AU DÉPART | ÉTAT ACTUEL |
|---|---|---|---|---|---|
| Madeleine Riehl. | 4 ans. | Adénites cervicales fistulisées. | 20 juil. 1919. | Mère tuberculeuse. Le départ de l'enfant lui permet de se soigner à la campagne. | Grande amélioration. L'enfant rentrera au prochain convoi. |
| R. Crenseveaux. | 17 ans. | Synovite bacillaire des gaines péronières. | 11 oct. 1919. | Région péronière tuméfiée à la partie inférieure. Plusieurs ponctions ont été effectuées. | Les fongosités se ramollissent. Bon pronostic. |
| Armand. Bonnet. | 18 ans. | Mal de Pott dorso-lombaire. | 11 oct. 1919. | Mauvais état général. Conditions de vie déplorables. Grande misère. | Etat général bon. |
| L. Ragheboom. | 12 ans. | Spina ventosa du gros orteil. | 11 oct. 1919. | Enfant chétif et débilité. | Etat général bon. La fistule donne moins. |
| Louis Le Gall. | 9 ans 1/2. | Polyadénite. Mauvais état général. | 11 oct. 1919. | Enfant lymphatique, croissant mal. | L'état général s'améliore. |
| Henri Lebreton. | 14 ans. | Ostéo-arthrite du genou. | 11 oct. 1919. | Affection ancienne. Guérison difficile à obtenir. | Etat général bon. Etat local satisfaisant. |
| Gabriel Lepage. | 6 ans 1/2. | Gommes bacillaires. | 11 oct. 1919. | Hérédité lourde. Mauvais état général. | Etat général bon. Apparition d'un spina ventosa du troisième métacarpien. |
| Louis Seynaève. | 4 ans. | Arthrite tibio-tarsienne fistulisée. | 11 oct. 1919. | Affection grave. Grosses lésions osseuses. Articulation fongueuse. Plusieurs grattages ont été effectués sans résultat. Anémie. | L'état général s'améliore ainsi que l'état local. Quelques fistules sont en voie fermeture. |

## ZUYDCOOTE

*A un moment où nous avions des demandes urgentes et où nous manquions de place à Roscoff, le Sanatorium Maritime de Zuydcoote a bien voulu nous hospitaliser les enfants dont l'état suit.*

| NOMS | AGE | MALADIE | PARTI LE | ÉTAT AU DÉPART | ÉTAT ACTUEL |
|---|---|---|---|---|---|
| Jean Jacoby. . . | 4 ans. | Mal de Pott. | 17 mars 1919. | Début de la maladie en juin 1918. En bonne voie. | Etat général bon. Etat local en progrès. |
| Fernand None. . | 6 ans. | Ostéite de l'olécrâne fistulisée. | 17 mars 1919. | A subi un grattage. Bon pronostic. | 25 novembre 1919, l'enfant est rendu à ses parents localement guéri. Il a beaucoup engraissé : il est vif gai. |
| Suzanne Wolff. . | 7 ans. | Arthrite du genou. | 17 mars 1919. | Mise en plâtre en juin 1917. | Rentre dans sa famille sur la demande des parents, mai 1919. |
| Maur. Souilliart . | 13 ans 1/2 | Arthrite de l'épaule droite et du genou. | 17 mars 1919. | Mauvais état général. Enfant très atteint. | Août 1919. Méningite, décès. |
| Gaston Druy. . . | 11 ans. | Arthrite du genou gauche. | 17 mars 1919. | Affection au début. Anémie. | Retour sur demande des parents, mai 1919. |
| Yvonne Laquièze. | 13 ans. | Adénite et péri-adénite. | 17 mars 1919. | Enfant fatiguée par de nombreuses crises de rhumatisme articulaire aigu. | S'est beaucoup développée. Les adénites sont à peu près fondues. |
| Emilienne Tasset. | 13 ans. | Spina ventosa de l'index. Adénite cervicale. | 17 mars 1919. | Grosse adénite et mauvais état général. | Amélioration notable et de l'état général et de l'état local. |
| Jules Leroy . . . | 16 ans. | Mal de Pott dorsal inférieur. | avril 1919. | Bon état général. Lésions en voie de guérison. | L'enfant va rentrer dans sa famille en bon état. |
| Suzanne Giraud . | 7 ans 1/2. | Arthrite du genou. | 17 mars 1919. | Début décembre 1918, plâtrée. | Retour sur la demande des parents en mai 1919. |
| Guy Legendre . . | 5 ans. | Rachitisme. | 17 mars 1919. | État général faible. L'enfant ne marche pas. | Très bon état général. Rentrera par un prochain convoi. |
| Gilberte Verrier . | 5 ans. | Rachitisme. | 17 mars 1919. | Organisme débilité. | S'est beaucoup amélioré. |

Nous avons la grande joie de pouvoir offrir, dans ce second fascicule, à nos amis et associés,

**LA BERCEUSE DES PETITS LITS BLANCS**

dont les paroles et la musique, inédites l'une et l'autre, ont été composées exprès pour notre Œuvre.

Le poème est de Miguel Zamacoïs, le célèbre et charmant auteur des *Bouffons*, de *M. Césarin*, et de tant d'autres *Fleurs Merveilleuses*.

Et c'est Théodore Dubois, le maître illustre de la musique française et de l'inspiration religieuse, qui a bien voulu faire chanter, sur les strophes exquises de l'écrivain, la grâce émouvante de sa tendresse, de son art admirable et de sa foi.

Nous leur adressons ici, à tous les deux, nos remerciements les plus profonds avec l'affectueuse expression de notre reconnaissance.

# BERCEUSE

des

# PETITS LITS BLANCS

Poésie de Miguel Zamacoïs

Musique de Théodore Dubois,

Membre de l'Institut.

---

# Les Petits Lits Blancs

*Poésie de Miguel Zamacoïs.*

*Musique de Th. Dubois,*
*Membre de l'Institut.*

Sans presser, caressant
nids
Ces pe-tits lits blancs sont des nids
Dont notre ten

Par des lieux soli - des u - nis
Combien d'oiselets en dor - mis que projette
un peu pressé
un peu pressé
poco
la tempê - te !
calmé
à l'aise

1er Tempo, un peu de
nids Les petits lits blancs sont des nids
1er Tempo, un peu de
mouvement
Les petits lits blancs sont des nids Dont no-tre ca-
Il faut bien qu'ils en soient gar-nis
Car que la pri-son semble dou-ce

soutenu
expressif
calme
expressif
a Tempo
a Tempo

Les petits lits blancs sont des nids Dont notre sou-
rire est l'é-toi-le;
Il faut de rayons in-fi-
nis com-bler tout regard qui se voi-le!
poco
poco

très peu moins vite
Les pe-tits lits blancs sont des
très peu moins vite
nids
Les petits lits blancs sont des nids

## MEMBRES FONDATEURS

*American relief Clearing house.*
*Croix-Rouge Américaine.*
*Mme Gaupillat.*

---

## MEMBRES BIENFAITEURS

Mme Joseph Ball.
M. Léon Bailby.
M. Balland-Brugneaux.
M. Balwin.
Mme Maurice Baschet.
Mme Berthelot.
Mme Bethenod.
Mme Blumenthal.
M. Joao Chagas.
Chambre Syndicale Aéronautique.
Fondation Cognac-Jay.
Colonie Brésilienne à Paris.
Compagnie d'Assurances l'Union.
M. Cormick.
Crédit Lyonnais.
Mme Francis de Croisset.
Mme Fauchier-Delavigne.
Mme Fauchier-Magnan.
Mrs Margared Fowler.
Mme Walter Gay.
Mrs Katarine M. C. Gregor.
Mrs J. C. Hume.
Comtesse des Isnards.
M. et Mme Jusserand.
Marquise de Laborde.
Mme Henri Lavedan.
Mme Jacques Lebel.
Mme Lebuz.
Mme Le Naour.
Mme Henri Lillaz.
Baron de Linder.
M. et Mme O. de Magalhaes.
Mme Méric.
Mines de Blanzy.
M. R. P.
M. Reubell.
Mme Riché.
Mme Drette-Sarthys.
M. Servetti.
Mrs George H. Stoddard.
Syndicat de la Presse.
Mme et Mlle Thévenot.
Mme Paul Thomas.
M. François de la Tourasse.
M. Veyrassat.
M. A. Vincent.
Révérend Dr Watson.

---

# LISTE DES SOUSCRIPTIONS

| | 1917 | 1918 | 1919 |
|---|---|---|---|
| | Francs. | Francs. | Francs. |
| M. Allioli . . . . . . . . . . . . . . | 200 » | 20 » | 20 » |
| Mme Amblard-Héry. . . . . . . . | » » | 50 » | » » |
| American Relief Clearing house. . | 18.500 » | » » | » » |
| M. H. Amy. . . . . . . . . . . . . | 20 » | 20 » | » » |
| Mme Andry . . . . . . . . . . . . | 10 » | » » | » » |
| Anonymes (souscriptions). . . . . | 100 » | » » | » » |
| Mme Auguste Argenti. . . . . . . . | » » | 500 » | » » |
| M. Bartlett Arkell (Souscr. Mlle Barlette). | » » | 250 » | 250 |
| Mrs Arkell (Souscr. Mlle Barlette). . | » » | 50 » | » » |
| Vicomtesse d'Avenel . . . . . . . | » » | 500 » | » » |
| Mlle Azarian. . . . . . . . . . . . | 20 » | » » | » » |
| Mme Joseph Bail . . . . . . . . . | 1.000 » | » » | 100 » |
| M. Léon Bailby. . . . . . . . . . . | 2.000 » | 2 000 » | 2.000 » |
| Mme Leigh. Y. Baker. . . . . . . . | » » | 103 » | » » |
| M. Balland-Brugneaux . . . . . . . | » » | 1.000 » | 200 » |
| Mrs Balwin (Soucrip. Mlle Barlette). | » » | 1.000 » | 2.500 » |
| Banque de France . . . . . . . . . | » » | 500 » | » » |
| Mme Barrier. . . . . . . . . . . . | » » | 20 » | » » |
| Mme Bartaumieux . . . . . . . . . | 10 » | » » | » » |
| Mme Barthélemy. . . . . . . . . . | 20 » | 20 » | » » |
| Mme M. Baschet . . . . . . . . . . | » » | » » | 2.200 » |
| Mme René Baschet. . . . . . . . . | 100 » | 50 » | » » |
| Dr Baudet . . . . . . . . . . . . . | 500 » | » » | » » |
| M. C. Baudin. . . . . . . . . . . . | » » | » » | 100 » |
| Mlle Baux . . . . . . . . . . . . . | » » | 50 » | 100 » |
| Dr et Mme Bazy . . . . . . . . . . | » » | 100 » | » » |
| Mlle Bazy . . . . . . . . . . . . . | 20 » | » » | » » |
| Mme Beauregard. . . . . . . . . . | 20 » | » » | 20 » |

| | 1917 | | 1918 | | 1919 | |
|---|---|---|---|---|---|---|
| | Francs. | | Francs. | | Francs. | |
| Edmone et Fernande Bec . . . . . | » | » | 60 | » | 140 | » |
| Mme Belvallette . . . . . . . . . . | 20 | » | 20 | » | » | » |
| M. Herman Bemberg . . . . . . . . | 40 | » | » | » | » | » |
| M. H. Benoit. . . . . . . . . . . . | » | » | » | » | 100 | » |
| Mme Berg . . . . . . . . . . . . . | 50 | » | » | » | » | » |
| Mme Berthelot (don de M. Tata de Bombay . . . . . . . . . . . . | » | » | 3.500 | » | » | » |
| M. Béthenod . . . . . . . . . . . . | » | » | 1.000 | » | » | » |
| Mme Bidault. . . . . . . . . . . . | » | » | 10 | » | » | » |
| Mlle G. Bickert. . . . . . . . . . | » | » | 5 | » | » | » |
| Mme Bloch-Tréfousse. . . . . . . . | 100 | » | 50 | » | 20 | » |
| Mrs C. et G. Blum . . . . . . . . . | » | » | » | » | 150 | » |
| M. Cecil Blumenthal (Souscr. Mlle Barlette). | » | » | 125 | » | » | » |
| Mme Willy Blumenthal . . . . . . . | » | » | 1.000 | » | » | » |
| M. Georges Bolle. . . . . . . . . . | » | » | » | » | 100 | » |
| M. et Mme Bonhoure . . . . . . . . | » | » | 100 | » | » | » |
| Mme Bordier. . . . . . . . . . . . | » | » | 1 | 50 | » | » |
| Mme Borniche . . . . . . . . . . . | » | » | 100 | » | » | » |
| Mlle Louise Bottin . . . . . . . . | 10 | » | 10 | » | 10 | » |
| M. et Mme François Boucher . . . | 50 | » | » | » | » | » |
| M. Henri Boucher . . . . . . . . . | » | » | 20 | » | 20 | » |
| Mme Bouilhet . . . . . . . . . . . | » | » | 10 | » | » | » |
| Mme Boulland. . . . . . . . . . . . | » | » | » | » | 10 | » |
| Mlle S. Bourguignon . . . . . . . . | 5 | » | » | » | » | » |
| Mlle Bragerus . . . . . . . . . . . | » | » | » | » | 10 | » |
| Mme Hubert Brierre . . . . . . . . | 10 | » | » | » | » | » |
| Mme Brion. . . . . . . . . . . . . | 5 | » | » | » | » | » |
| Mme Brisson. . . . . . . . . . . . | 300 | » | » | » | » | » |
| Mme Henri Brugnon . . . . . . . . | 10 | » | » | » | » | » |
| M. Brundsaux . . . . . . . . . . . | » | » | 5 | » | » | » |
| Mme Camuset . . . . . . . . . . . | » | » | » | » | 5 | » |
| Lieutenant J. Cantenot . . . . . . | 20 | » | » | » | » | » |
| M. Cartier . . . . . . . . . . . . | 50 | » | » | » | » | » |
| M. Pierre Cartier (Souscrip. Mlle Barlette). | » | » | » | » | 250 | » |

| | 1917 | | 1918 | | 1919 | |
|---|---|---|---|---|---|---|
| | Francs. | | Francs. | | Francs. | |
| Mlles Casanave | 5 | » | » | » | » | » |
| Mme de Caussé | » | » | 70 | » | » | » |
| Comtesse de Chabrillan | » | » | 100 | » | 150 | » |
| M. João de Chagas | 1.000 | » | » | » | » | » |
| Mlle M.-M. Châle | 100 | » | » | » | » | » |
| Chambre syndicale aéronautique | 4.000 | » | » | » | » | » |
| M. Chenu | 500 | » | 500 | » | » | » |
| M. Chevrier-Laurent | » | » | 100 | » | » | » |
| M. Collard | » | » | » | » | 5 | » |
| Mlles Collet | 5 | » | 5 | » | 10 | » |
| Mme A. Colombo | » | » | 20 | » | » | » |
| Colonie brésilienne à Paris | » | » | 4.000 | » | » | » |
| Mme Colonne | 100 | » | » | » | » | » |
| Comité des jeunes filles françaises à Buenos-Ayres | » | » | 765 | 05 | » | » |
| Compagnie d'Assurances « Union » | » | » | 1.000 | » | » | » |
| Compagnie de chemin de fer de l'Est | » | » | 500 | » | » | » |
| Compagnie de chemin de fer du Midi | » | » | 500 | » | » | » |
| Compagnie du chemin de fer d'Orléans | » | » | 500 | » | » | » |
| Compagnie du chemin de fer du P. L. M. | » | » | 500 | » | » | » |
| Mme Constansoux | » | » | » | » | 2 | » |
| Mrs H. Cormick (Souscr. Mlle Barlette) | » | » | » | » | 5.000 | » |
| M. F. Cornet | 10 | » | 10 | » | » | » |
| M. de Coste | 25 | » | » | » | » | » |
| Crédit Lyonnais | » | » | 1 000 | » | » | » |
| Crédit mobilier français | » | » | 200 | » | » | » |
| Mme F. de Croisset | 1 100 | » | 500 | » | » | » |
| Croix-Rouge américaine | » | » | 20 000 | » | » | » |
| Mlle Osmaldo Cruz | » | » | » | » | 20 | » |
| Comtesse Eric de Dampierre | » | » | 40 | » | » | » |

| | 1917 | | 1918 | | 1919 | |
|---|---|---|---|---|---|---|
| | Francs. | | Francs. | | Francs. | |
| Mlle Josette Danbé | 20 | » | » | » | » | » |
| Mme David | 10 | » | » | » | » | » |
| Mme Dazin | 100 | » | » | » | 100 | » |
| Mrs Deaborn (Souscr. Mlle Barlette) | » | » | 250 | » | » | » |
| Mme Georges Déchard | » | » | » | » | 10 | » |
| Mme Decombejean | » | » | 20 | » | » | » |
| Mme Defresne | 400 | » | 400 | » | 400 | » |
| Mme Delabarre | » | » | » | » | 20 | » |
| Mme Delanoy | » | » | 200 | » | » | » |
| Mme Delavigne | 100 | » | 100 | » | 100 | » |
| Mme Denglehem | » | » | 20 | » | » | » |
| Mme H. Denis | 20 | » | 20 | » | » | » |
| Mme Dépinay | 5 | » | » | » | » | » |
| Mme Deschamps | » | » | 50 | » | » | » |
| Mme Desouches | » | » | 20 | » | » | » |
| M. Didier | 100 | » | » | » | » | » |
| Mme Douine-Hennecart | 150 | » | » | » | » | » |
| Mme Léon Dourif | » | » | 100 | » | » | » |
| M. L. Douvion | » | » | 5 | » | » | » |
| Mme Drapier | 10 | » | » | » | » | » |
| Mme René Dreyfus | 20 | » | » | » | » | » |
| Mme Drucker | 15 | » | » | » | » | » |
| Mme E. Dubois | » | » | 40 | » | 40 | » |
| Mme Théodore Dubois | » | » | » | » | 20 | » |
| M. M. Dubouilh | 100 | » | » | » | » | » |
| Mlle Ducasse | 10 | » | » | » | » | » |
| Mme Duché | 5 | » | 5 | » | » | » |
| Mme Paul Dupuy | 500 | » | 200 | » | » | » |
| Mme Durand | 50 | » | » | » | 50 | » |
| Lieutenant Durulle | 20 | » | » | » | » | » |
| M. Georget Duval | » | » | 10 | » | » | » |
| Mme Duval | » | » | 10 | » | » | » |
| Employés de la maison Corby | 5 | » | » | » | » | » |
| Mme Etienne | 50 | » | » | » | 100 | » |

| | 1917 | | 1918 | | 1919 | |
|---|---|---|---|---|---|---|
| | Francs. | | Francs. | | Francs. | |
| Mme Fauchier-Delavigne . . . . . . | 3.000 | » | 2.000 | » | 2.000 | » |
| Mlle Colette Fauchier-Delavigne. . | » | » | 30 | » | » | » |
| Mme A. Fauchier-Magnan. . . . . | 500 | » | 500 | » | 500 | » |
| Mme L. Fauchier-Magnan . . . . . | » | » | 50 | » | » | » |
| Mlle Edmée Favart . . . . . . . . . | 50 | » | » | » | » | » |
| Mme Femvick . . . . . . . . . . . | » | » | » | » | 200 | » |
| Mme André Fessart. . . . . . . . | 100 | » | » | » | » | » |
| Mme H. Fessart . . . . . . . . . . | 200 | » | 200 | » | 200 | » |
| M. Fischhof . . . . . . . . . . . . | 50 | » | 50 | » | » | » |
| M. A. Flament . . . . . . . . . . | 100 | » | 100 | » | 100 | » |
| Mme C.-A. Fleury . . . . . . . . | 10 | » | » | » | » | » |
| Mme Fleury . . . . . . . . . . . . | 10 | » | » | » | » | » |
| Fondation Cognacq-Jay . . . . . . | 1.000 | » | » | » | » | » |
| Vicomtesse de Fontenilliat . . . . | 500 | » | » | » | » | » |
| Miss Pauline Forbes . . . . . . . | 10 | » | » | » | » | » |
| Mme Y. Fouchet . . . . . . . . . | 30 | » | » | » | » | » |
| Mme J. Fouchet †. . . . . . . . . | 50 | » | » | » | » | » |
| Dr Foveau de Courmelles . . . . . | » | » | 100 | » | 100 | » |
| Mrs Margared Fowler . . . . . . . | 1 000 | » | » | » | » | » |
| Mme F. Froment-Meurice . . . . . | 10 | » | » | » | » | » |
| M. J. Gaboriau . . . . . . . . . . | » | » | 10 | » | » | » |
| Mme Gaupillat . . . . . . . . . . | » | » | 12 500 | » | » | » |
| M. Gauthier . . . . . . . . . . . | » | » | 5 | » | » | » |
| Mlle Pauline Gauthier . . . . . . | » | » | 0 | 50 | » | » |
| Mme Gautrot. . . . . . . . . . . | 20 | » | 20 | » | » | » |
| Mlles F. et E. Gay . . . . . . . . | » | » | 132 | 05 | » | » |
| Mme Walter Gay. . . . . . . . . . | 1 000 | » | 1.000 | » | » | » |
| Mme Gérardin . . . . . . . . . . . | 20 | » | 20 | » | » | » |
| Mrs Gerhart (Souscr. Mlle Barlette). | » | » | 100 | » | » | » |
| Mme Ghesquière-Dierickse . . . . | » | » | 10 | » | » | » |
| Mme Gibert . . . . . . . . . . . . | » | » | » | » | 10 | » |
| Mme G. Glatron . . . . . . . . . . | 10 | » | » | » | » | » |
| Mme M. Glatron . . . . . . . . . | 250 | » | » | » | » | » |
| Mme Gosse. . . . . . . . . . . . . | 10 | » | » | » | » | » |

| | 1917 | | 1918 | | 1919 | |
|---|---|---|---|---|---|---|
| | Francs. | | Francs. | | Francs. | |
| Mme Michel Goudchaux | » | » | 20 | » | » | » |
| M. Georges Goyau | 30 | » | 30 | » | » | » |
| Mme Grandmottet | » | » | 20 | » | » | » |
| M. Madison Grant (Souscr. Mlle Barlette) | » | » | 25 | » | » | » |
| Miss L. M. C. Grégor | 1.000 | » | » | » | » | » |
| M. et Mme Grimberghs | 200 | » | » | » | » | » |
| MM. Gros père et fils | » | » | » | » | 100 | » |
| Mme Louis Grossard | » | » | 12 | » | » | » |
| Mme Guernieri | 100 | » | » | » | » | » |
| Mlle Guerrier | » | » | » | » | 10 | » |
| Mme Guieu | 20 | » | 20 | » | 20 | » |
| Mlles Guieu | 20 | » | 20 | » | » | » |
| M. Guttin | 80 | 30 | 100 | 75 | » | » |
| M. et Mlle Haumont | 20 | » | » | » | » | » |
| Mrs Henderson. (Souscr. Mlle Barlette) | » | » | 100 | » | » | » |
| Mme Hennecart | 20 | » | » | » | » | » |
| M. et Mlle Herbet | 10 | » | 15 | » | » | » |
| Mlle Herment | 10 | » | 15 | » | 15 | » |
| Mme Héry | » | » | » | » | 50 | » |
| Mme E. Hesse | » | » | » | » | 25 | » |
| M. Houzeau | » | » | 50 | » | » | » |
| Mme Howland | 150 | » | 100 | » | 200 | » |
| Mlle A. Huet | » | » | 20 | » | » | » |
| M. Hullard | » | » | 500 | » | 250 | » |
| Mrs J.-C. Hume | » | » | 1 232 | » | » | » |
| Intransigeant (souscriptions recueillies par l') | 7.000 | 80 | 17 604 | » | 5.008 | 25 |
| Comtesse des Isnards † | 1 100 | » | » | » | » | » |
| M. Jameslip | » | » | » | » | 10 | » |
| Mme Japy | 500 | » | 500 | » | 250 | » |
| M. Jeannin-Neveu | » | » | » | » | 50 | » |
| M. Paul Jokelsov | » | » | » | » | 10 | » |
| Mme Jouet | 50 | » | » | » | » | » |
| M. Jusserand | 500 | » | » | » | » | » |

| | 1917 | | 1918 | | 1919 |
|---|---|---|---|---|---|
| | Francs. | | Francs. | | Francs. |
| Mme Jusserand. | 500 | » | 1.347 | 60 | » |
| Mrs Kanish | » | » | » | » | 20 |
| M. Karleskind | » | » | 10 | » | » |
| Mme D. Kœchlin | 20 | » | » | » | 20 |
| Mme C. Kritzchmar. | » | » | » | » | 20 |
| Marquise de Laborde | 3 000 | » | 1 500 | » | » |
| Mme Lachenal | » | » | 20 | » | » |
| Mme G. Lamarque † | 10 | » | » | » | » |
| Mlle J. Lamarque. | 5 | » | » | » | » |
| Mme M. Lamarque. | 10 | » | » | » | 100 |
| Mme de Lafaurie | » | » | 30 | » | 50 |
| Marquise de Lambertye. | 100 | » | 100 | » | 100 |
| Mme Stanislas Lami. | 10 | » | » | » | » |
| Mlles Lanier. | 10 | » | » | » | 50 |
| Baron de Lapinsonie | » | » | 100 | » | » |
| M. de Larivière | » | » | 10 | » | » |
| Mlle Laudy. | » | » | 5 | » | 5 |
| Mme Henri Lavedan | 1.000 | » | 1.000 | » | 1.000 |
| Mme H. Lavertujon. | » | » | » | » | 20 |
| Mme Jacques Lebel. | 1 000 | » | 1.000 | » | 1 000 |
| Mme François Lebel | » | » | » | » | 300 |
| Mme Charles Le Brun. | » | » | 10 | » | » |
| Mme Lebuz | 200 | » | 1.000 | » | » |
| M. Nelson B. Lee | 74 | 10 | » | » | » |
| Mme P. Jules-Lefebvre | 20 | » | » | » | » |
| M. Léger. | » | » | 50 | » | 50 |
| Mme A. Legrand | 20 | » | 500 | » | » |
| Mme Legru. | 100 | » | » | » | » |
| MM. et Mlle Lemoine | 100 | » | » | » | » |
| Mlle Le Naour | 2.000 | » | » | » | » |
| M. et Mme Leroux | 50 | » | » | » | » |
| Mme M. Lesieur | » | » | 100 | » | 100 |
| Mme Lestorohan | » | » | » | » | 2 |
| M. Pierre Le Vasseur. | » | » | 10 | » | » |

| | 1917 | | 1918 | | 1919 | |
|---|---|---|---|---|---|---|
| | Francs. | | Francs. | | Francs. | |
| M. Stéphen Liégeard . . . . . . . . | 100 | » | 100 | » | 200 | » |
| Mme Henri Lillaz. . . . . . . . . . | 1.200 | » | » | » | » | » |
| Baron de Linder . . . . . . . . . . | » | » | » | » | 2.500 | » |
| Right Reverend Arthur Lloyd . . . | 28 | » | » | » | » | » |
| Mme Lobjoy. . . . . . . . . . . . | 10 | » | » | » | » | » |
| M. Lombard . . . . . . . . . . . . | » | » | » | » | 5 | » |
| M. J. Loste . . . . . . . . . . . | » | » | 500 | » | » | » |
| M. et Mme O. de Magalhaès . . . . | » | » | 14.100 | » | 300 | » |
| Mme F. Maingon . . . . . . . . . | » | » | 25 | » | » | » |
| Mme de Maisonneuve. . . . . . . . | 5 | » | » | » | » | » |
| M. Pierre Malot . . . . . . . . . . | » | » | » | » | 20 | » |
| Mme Marchais . . . . . . . . . . . | 20 | » | » | » | » | » |
| Mme Germaine Marchand. . . . . . | 10 | » | 10 | » | » | » |
| M. Maurice Marchand. . . . . . . . | » | » | » | » | 20 | » |
| Mme Martin Le Roy . . . . . . . . | » | » | 100 | » | » | » |
| Mme Maunoury . . . . . . . . . . | 20 | » | 20 | » | » | » |
| Comtesse de Meaupeou . . . . . . . | 20 | » | 50 | » | » | » |
| Mrs Mendes (Souscr. Mlle Barlette). | » | » | 125 | » | » | » |
| Mme Méric. . . . . . . . . . . . . | 200 | » | 400 | » | 1 500 | » |
| Mme Meyer . . . . . . . . . . . . | 10 | » | 10 | » | 10 | » |
| M. Michaud . . . . . . . . . . . . | » | » | » | » | 10 | » |
| Mme Milliot . . . . . . . . . . . . | » | » | 10 | » | » | » |
| Mines de Blanzy . . . . . . . . . . | » | » | 1.000 | » | 1.000 | » |
| Mme Mithouard. . . . . . . . . . . | 100 | » | » | » | » | » |
| Comtesse Louis de Montesquiou. . | 50 | » | » | » | » | » |
| Mlle S. de Montgolfier. . . . . . . | » | » | » | » | 20 | » |
| Mme Morey . . . . . . . . . . . . | » | » | » | » | 10 | » |
| Mme Morin . . . . . . . . . . . . | 10 | » | 10 | » | 10 | » |
| M. Paul Mottard . . . . . . . . . . | » | » | 100 | » | » | » |
| M. Albert Mouchet . . . . . . . . . | 1 | » | » | » | » | » |
| M. J. Mouillefarine. . . . . . . . . | 100 | » | » | » | 500 | » |
| M. Mouliérat . . . . . . . . . . . | » | » | 250 | » | » | » |
| Mme Mussat . . . . . . . . . . . . | 10 | » | » | » | 20 | » |
| Mlle Nérel . . . . . . . . . . . . . | 20 | » | » | » | » | » |

| | 1917 | | 1918 | | 1919 | |
|---|---|---|---|---|---|---|
| | Francs. | | Francs. | | Francs. | |
| Mme A. Nocard . . . . . . . . . . | 10 | » | » | » | 50 | » |
| Mme P. Nocard. . . . . . . . . . . | » | » | 100 | » | » | » |
| M. Jacques Normand. . . . . . . | 100 | » | 100 | » | » | » |
| M. Claudius Nourry. . . . . . . . | 20 | » | » | » | » | » |
| M. Henri Nourry . . . . . . . . . | » | » | 50 | » | 50 | » |
| Mlle Simonne Nourry. . . . . . . | » | » | 50 | » | 50 | » |
| Mlle Omètre . . . . . . . . . . . | 20 | » | » | » | » | » |
| Mme Ouvry . . . . . . . . . . . . | » | » | » | » | 5 | » |
| M. R. P. . . . . . . . . . . . . . | 850 | » | 500 | » | 100 | » |
| Mlle Paris . . . . . . . . . . . . | 20 | » | 20 | » | 20 | » |
| M. Lucien Pauly. . . . . . . . . | » | » | » | » | 5 | » |
| Mme Pecquet. . . . . . . . . . . | » | » | 5 | » | 5 | » |
| M. et Mme Henri Pélissier . . . . | 100 | » | 100 | » | 100 | » |
| Mme Perken. . . . . . . . . . . . | 5 | » | 5 | » | » | » |
| M. Perriollat . . . . . . . . . . | » | » | 50 | » | 50 | » |
| M. et Mme Perrot. . . . . . . . . | » | » | » | » | 20 | » |
| Mlle Person (œuvre des réformés n° 2) . . . . . . . . . . . . . . | 110 | » | 204 | 80 | 120 | » |
| Personnel du bureau de poste Saint-Cyr . . . . . . . . . . . . | 10 | » | » | » | » | » |
| Mme Petitot † . . . . . . . . . . | 100 | » | » | » | » | » |
| Mme Petsche. . . . . . . . . . . | 20 | » | 20 | » | 20 | » |
| Mlle Piat. . . . . . . . . . . . . | 10 | » | » | » | » | » |
| Mme Picard . . . . . . . . . . . | » | » | 100 | » | » | » |
| Mme Picou. . . . . . . . . . . . | 5 | » | 5 | » | 5 | » |
| Mlle Pierron. . . . . . . . . . . | 20 | » | » | » | » | » |
| Mrs Piffaut, père et fils. . . . . | » | » | » | » | 100 | » |
| Mlle de Pinsun. . . . . . . . . . | » | » | » | » | 15 | » |
| Mlle Pionnier . . . . . . . . . . | 10 | » | 15 | » | » | » |
| Mme Plouviez . . . . . . . . . . | 10 | » | 10 | » | 50 | » |
| Marquise de Polignac. . . . . . . | » | » | 100 | » | » | » |
| Mme Pommerau. . . . . . . . . . | » | » | 5 | » | » | » |
| Mme Pourtoy . . . . . . . . . . | 45 | » | » | » | » | » |
| M. Pourjet. . . . . . . . . . . . | » | » | » | » | 20 | » |

| | 1917 | | 1918 | | 1919 | |
|---|---|---|---|---|---|---|
| | Francs. | | Francs. | | Francs. | |
| [M]. Tib. P. . . . . . . . . . . . . . . | » | » | 50 | » | » | » |
| [M]. et Mme Protet. . . . . . . . . . | » | » | » | » | 100 | » |
| [M]. Puvis de Chavannes . . . . . . | » | » | 100 | » | 20 | » |
| [C]omtesse de Rancy. . . . . . . . | » | » | 200 | » | 200 | » |
| [M]me Raphaël . . . . . . . . . . . | » | » | » | » | 100 | » |
| [M]. Rau . . . . . . . . . . . . . . . | 250 | » | 250 | » | » | » |
| [M]. et Mme Raveneau . . . . . . . | 100 | » | » | » | » | » |
| [M]me Recker . . . . . . . . . . . . | » | » | 20 | » | » | » |
| [M]me L. Regond. . . . . . . . . . . | » | » | » | » | 200 | » |
| [M]aison Louis Renault. . . . . . . | 200 | » | » | » | » | » |
| [M]. Reubell (en souvenir de Mme la Comtesse de Valencia) . . . . . | 100 | » | 100 | » | 2 000 | » |
| [M]. Ribot. . . . . . . . . . . . . . . | 20 | » | » | » | » | » |
| [M]me Paul-Henry Rodolphe . . . . | » | » | » | » | 100 | » |
| [M]me Roguet . . . . . . . . . . . . | » | » | 450 | » | » | » |
| [M]lle Rollin (souscriptions) . . . . | » | » | 2.330 | 90 | » | » |
| [M]. Rollin . . . . . . . . . . . . . . | » | » | » | » | 20 | » |
| [M]. et Mme Roquigny . . . . . . . | 300 | » | » | » | 200 | » |
| [M]me L. Rosenthal . . . . . . . . . | 50 | » | » | » | » | » |
| [M]me G. Rosselet . . . . . . . . . . | » | » | » | » | 20 | » |
| [M]me M. Rouff . . . . . . . . . . . | 25 | » | » | » | 10 | » |
| [M]me Sadi-Carnot . . . . . . . . . | 100 | » | » | » | » | » |
| [M]me Saillard . . . . . . . . . . . | » | » | » | » | 100 | » |
| [M]me de Saint-Marceaux. . . . . . | 100 | » | 50 | » | » | » |
| [M]me de Saint-Victor . . . . . . . | 10 | » | » | » | » | » |
| [M]me de Saint-Vincent de Brassac . | » | » | » | » | 150 | » |
| [M]me Salet. . . . . . . . . . . . . . | 20 | » | » | » | » | » |
| [M]. William Salomon (Sous. Mlle Barlette). | » | » | 125 | » | » | » |
| [M]me Pierre Sardou. . . . . . . . . | 20 | » | 20 | » | 20 | » |
| [M]me Sarlin. . . . . . . . . . . . . | 10 | » | » | » | » | » |
| [M]. Schlatter . . . . . . . . . . . . | » | » | 306 | 85 | » | » |
| [M]me Schuster . . . . . . . . . . . | » | » | » | » | 5 | » |
| [C]omte de Seilhac. . . . . . . . . . | » | » | » | » | 20 | » |
| [M]. Servetti. . . . . . . . . . . . . | » | » | » | » | 1.000 | » |

| | 1917 | 1918 | 1919 |
|---|---|---|---|
| | Francs. | Francs. | Francs. |
| Dr et Mme Siredey | 100 » | » » | » » |
| Mme Siry | » » | » » | 50 » |
| Mme C. Soyer | 20 » | » » | » » |
| Mrs Georges Stoddard | 2.777 65 | 1.448 35 | » » |
| Sucrerie raffinerie de Chalon-sur-Saône | » » | 200 » | 50 » |
| M. Sulzberger (Souscr. Mlle Barlette) | » » | 50 » | » » |
| Syndicat de la Presse | 2.000 » | » » | » » |
| Mme de Taillandier | » » | » » | 35 » |
| Mme Thévenot | 1.000 » | 1.000 » | 1.000 » |
| Mlles Thévenot | 1.000 » | 1.000 » | 1.000 » |
| Mrs Thévenot frères | » » | » » | 50 » |
| Mme Victor Thiébaut | 100 » | » » | 20 » |
| Mlle Henriette Thomas | » » | 5 » | 5 » |
| Mme Paul Thomas | 350 » | 450 » | 800 » |
| M. Thomé A. da Motta | 100 » | » » | » » |
| M. Tissier | 10 » | » » | » » |
| M. et Mme E. Toulmin | 500 » | » » | » » |
| Dr et Mlle Tournay | 20 » | » » | 70 » |
| M. Ch. Triller (Souscr. Mlle Barlette) | » » | 110 » | » » |
| M. Trécourt | » » | 5 » | » » |
| M. Trouillot | » » | » » | 20 » |
| Vicomte de Truchis | » » | 20 » | 30 » |
| Mme Truffier | 50 » | 50 » | 50 » |
| M. Catullo Ulcelli | » » | » » | 5 » |
| Comtesse de Valencia † | 200 » | 100 » | » » |
| M. Vallery-Radot | 100 » | » » | » » |
| M. Venière | » » | 5 » | 20 » |
| M. et Mme Verlinde | 20 » | » » | 10 » |
| M. Vincent | 1.000 » | 1.000 » | » » |
| Mme Vuillermet | » » | » » | 10 » |
| Miss C. E. Ward | » » | 287 50 | » » |
| Mlle Jane Warmont | » » | 5 » | » » |
| Mlles Werrain | 100 » | » » | » » |

| | 1917 | | 1918 | | 1919 | |
|---|---|---|---|---|---|---|
| | Francs. | | Francs. | | Francs. | |
| I. Watelet. . . . . . . . . . . . . . | » | » | 120 | » | 210 | » |
| I. Reverend Dr Watson. . . . . . | 1.500 | » | 12 876 | 75 | 27 | » |
| Illes de Wendel . . . . . . . . . . | » | » | 100 | » | » | » |
| Ime Worth . . . . . . . . . . . . . | 50 | » | 50 | » | 50 | » |
| M. et Mlle Worth . . . . . . . . . | 150 | » | 150 | » | 150 | » |
| Ime Yver . . . . . . . . . . . . . | 20 | » | » | » | » | » |
| I. Z. . . . . . . . . . . . . . . . | » | » | 2.000 | » | » | » |
| I. Zamacoïs. . . . . . . . . . . . | 20 | » | » | » | » | » |

## OUSCRIPTIONS RECUEILLIES PAR L'*INTRANSIGEANT*

| | 1917 | | 1918 | | 1919 | |
|---|---|---|---|---|---|---|
| | Francs. | | Francs. | | Francs. | |
| I. Adam. . . . . . . . . . . . . . . | » | » | » | » | 25 | » |
| I. Auzannet . . . . . . . . . . . . | » | » | » | » | 5 | » |
| Ime Abrielle . . . . . . . . . . . | » | » | » | » | 10 | » |
| Ime Berthe Bady. . . . . . . . . . | » | » | 50 | » | » | » |
| apitaine Bailly . . . . . . . . . . | » | » | 20 | » | » | » |
| Ime Bardol . . . . . . . . . . . . | 1 | 50 | » | » | » | » |
| Ime Barthelet . . . . . . . . . . . | » | » | » | » | 2 | » |
| I. G. Barillet. . . . . . . . . . . | 200 | » | 100 | » | 100 | » |
| Ime C.-J. Bary. . . . . . . . . . . | 50 | » | » | » | » | » |
| I. J. Bassin . . . . . . . . . . . | 5 | » | » | » | » | » |
| Ime Vve Baucher . . . . . . . . . | 5 | » | » | » | » | » |
| I. Baudin. . . . . . . . . . . . . | » | » | 100 | » | 50 | » |
| Ime Vve Benard. . . . . . . . . . | » | » | » | » | 1 | » |

| | 1917 | | 1918 | | 1919 |
|---|---|---|---|---|---|
| | Francs. | | Frrncs. | | Francs. |
| MM. W. Bennett et Sons. | » | » | 5 | » | » |
| Mlle L. Berger | » | » | » | » | 10 |
| M. R. Binds'chedler | » | » | 500 | » | » |
| M. E. Biguard | 160 | » | » | » | » |
| M. G. Bloch | 50 | » | » | » | » |
| M. et Mme Borendse | 25 | » | » | » | » |
| Mlle S. Boulanger | » | » | 100 | » | » |
| Mme Vve Boulanger | 50 | » | 130 | » | » |
| Comtesse B. de la Bourdonnaye de Blossac | 60 | » | » | » | » |
| Mme Rachel Boyer | 300 | » | » | » | » |
| D. et P. Brandel | 50 | » | » | » | » |
| Mme Breauté | » | » | » | » | 20 |
| M. Brincourt | 20 | » | » | » | » |
| Mme Brisson | 10 | » | 55 | » | 15 |
| M. Bronstein | 5 | » | » | » | » |
| Mme Vve Brossen | » | » | » | » | 1 |
| M. et Mlle Brumet | » | » | » | » | 05 |
| Mme Brunel de Pérard | 20 | » | » | » | » |
| Mme Callige | » | » | 5 | » | » |
| Mlle E. Camille | » | » | 5 | » | » |
| M. Carpeza | » | » | 5 | » | » |
| M. Caubert | » | » | 100 | » | » |
| Mme Cellier | » | » | » | » | 3 |
| Mme Censier | » | » | 70 | » | » |
| Mme Champagne | » | » | 20 | » | » |
| M. Th. Champion | » | » | 500 | » | » |
| M. H. Chanée | » | » | » | » | 10 |
| M. L. Charpentier | » | » | 5 | » | » |
| Comtesse Chartran | » | » | 100 | » | 50 |
| M. P. Chassériau | » | » | » | » | 5 |
| M. Ar. Chauveau | 10 | » | » | » | » |
| M. Chauvière | » | » | » | » | 5 |
| Mme Chazel | » | » | » | » | 5 |

| | 1917 | 1918 | 1919 |
|---|---|---|---|
| | Francs. | Francs. | Francs. |
| J. et P. Chemoul . . . . . . . . . . | 10 » | » » | » » |
| Mme Cheruit. . . . . . . . . . . . | 100 » | » » | » » |
| M. Chesne . . . . . . . . . . . . | » » | 3 » | » » |
| Mme Clairet . . . . . . . . . . . | » » | 200 » | » » |
| M. L. Cochard . . . . . . . . . . | 20 » | 20 » | » » |
| Mme Cochery. . . . . . . . . . . | » » | » » | 5 » |
| M. Collard . . . . . . . . . . . . | » » | » » | 5 » |
| Compagnie d'assurances Universelles . . . . . . . . . . . . . | 100 » | » » | » » |
| Conseil d'administration de l'Intransigeant. . . . . . . . . . . . . . | » » | 500 » | » » |
| Mme Crussard . . . . . . . . . . | 20 » | » » | » » |
| Mme Curzin . . . . . . . . . . . | 30 » | 15 » | 15 » |
| Mme Alice H. Cuyler . . . . . . . | » » | 20 » | » » |
| M. Marc Dalbay. . . . . . . . . . | 5 » | » » | » » |
| Mme Deboosère . . . . . . . . . . | » » | » » | 20 » |
| Mlle Th. Dechambre . . . . . . . . | » » | 5 » | » » |
| M. et Mme Degallo . . . . . . . . | 100 » | » » | » » |
| M. P. Dekeiref . . . . . . . . . . | » » | » » | 3 » |
| Mme L. Delaunay . . . . . . . . . | 20 » | » » | » » |
| M. A. Delhaye . . . . . . . . . . | » » | 5 » | » » |
| M. André Denis. . . . . . . . . . | » » | 2 » | » » |
| Mme Dépinoix . . . . . . . . . . | » » | » » | 50 » |
| M. M. Dreville . . . . . . . . . . | » » | » » | 10 » |
| M. Drouet . . . . . . . . . . . . | 20 » | » » | » » |
| Entreprise Drouard frères. . . . . | » » | » » | 20 » |
| M. Ducay . . . . . . . . . . . . | » » | » » | 3 » |
| Mme Dufresne . . . . . . . . . . | » » | » » | 2 » |
| M. A. Dumay. . . . . . . . . . . | » » | » » | 5 » |
| M. Dumoulin. . . . . . . . . . . | » » | » » | 3 » |
| Mme V. Dupont . . . . . . . . . | 20 » | 20 » | 50 » |
| M. Durand . . . . . . . . . . . . | » » | » » | 5 » |
| Mme J. Dury . . . . . . . . . . . | » » | 10 » | » » |
| M. Duseaux . . . . . . . . . . . | » » | 10 » | » » |

| | 1917 | 1918 | 1919 |
|---|---|---|---|
| | Francs. | Francs. | Francs. |
| Mme Ecalle | 10 » | » » | » » |
| M. Eicher | 6 » | » » | » » |
| Elèves du cours complémentaire Sorbier | 15 » | » » | » » |
| Mlle Emery | 1 » | » » | » » |
| Groupe Employés Banque de France | » » | 50 » | » » |
| Employés service intérieur de la Société Générale | 42 85 | » » | » » |
| M. P. Escandef | » » | 5 » | » » |
| M. P. Etlin | » » | 50 » | » » |
| Mme Favié | » » | 100 » | » » |
| M. Ch. Fontanes | » » | 20 » | » » |
| M. et Mlle Fournier | » » | 15 » | » » |
| M. P. Frantz-Namur | 10 » | » » | » » |
| M. Gallien | » » | 3 » | » » |
| M. L. Genot | » » | » » | 5 » |
| M. et Mme Georges | 14 » | » » | » » |
| M. Ch. Girard | » » | » » | 5 » |
| M. G. Godin | 50 » | » » | » » |
| M. Goyon | 2 » | » » | » » |
| M. Grand | » » | » » | 2 50 |
| Mme Grandet | » » | » » | 10 » |
| M. Robert Granger | 50 » | » » | » » |
| M Grimar | » » | » » | 50 » |
| M. C. Guiboiseau | 10 » | 10 » | » » |
| Mme Guilbert | 20 » | » » | » » |
| M. Guise | » » | » » | 5 » |
| M. Hariveau | » » | 2 50 | » » |
| Mme Héloin | » » | » » | 5 » |
| M. Hilairet | » » | » » | 1 » |
| Mme Vve Hobbs | » » | 5 » | » » |
| Mme Huard | » » | » 2 | » » |
| Jack-Irvine | » » | 50 » | » » |
| Mme Jame | » » | 50 » | » » |

| | 1917 | 1918 | 1919 |
|---|---|---|---|
| | Francs. | Francs. | Francs. |
| M. V. Jeannet | 20 » | » » | » » |
| Mme C. Jobert | 20 » | » » | » » |
| M. Jokelston | » » | » » | 10 » |
| M. Jolivet | » » | » » | 2 » |
| M. P. Juliot | » » | » » | 5 » |
| Miss Mary Kearny | » » | » » | 10 » |
| Mlle Ida de Kervern | » » | 50 » | 30 » |
| Mlles Labouriau | » » | 50 » | » » |
| M. Lagoutte | » » | 20 » | » » |
| M. de Lalande | » » | » » | 5 » |
| Mme Langweil | » » | 500 » | » » |
| M. André Lapeyronnic | 3 » | » » | » » |
| M. Larose-Loriot | » » | 20 » | » » |
| M. Ch. Le Borgne | » » | 300 » | » » |
| M. Leclerc | » » | 10 » | » » |
| Mme A. Lefèvre | » » | » » | 10 » |
| Dr René Le Fur | 50 » | » » | » » |
| M. Joseph Lefranc | 15 » | 10 » | » » |
| M. Legros | » » | » » | 1 » |
| Mme Lejay | » » | 5 » | » » |
| Mme Lemaître | 5 » | » » | » » |
| M. et Mlle Lemetais | 40 » | » » | » » |
| Mme Lemonnier | » » | » » | 3 » |
| Mlle Leneru | » » | 20 » | » » |
| Mme Leonardi | » » | 5 » | » » |
| Mme Le Roux | » » | 5 » | » » |
| Dr Le Sieur | » » | » » | 50 » |
| M. Lesimple | 10 » | » » | » » |
| Mme Levallois | » » | » » | 5 » |
| Dr E. Levy | » » | » » | 5 » |
| Mme Simonne Levy | » » | 20 » | » » |
| Mme André Lex | 50 » | » » | » » |
| Mme Liboz | » » | » » | 5 » |
| Mlle Claude Liddel | 10 » | 5 » | » » |

| | 1917 | 1918 | 1919 |
|---|---|---|---|
| | Francs. | Francs. | Francs. |
| Baronne de Linsingen. | 100 » | » » | » |
| M. Lombard | » » | » » | 5 |
| Mme H. Luporsi | » » | » » | 5 |
| M. Mahéraut | » » | » » | 3 |
| M. Malker | 5 » | » » | » |
| M. M. Marchand | » » | » » | 20 |
| Mme Maréchal | 5 » | » » | » |
| Mme Marouteix. | » » | » » | 5 |
| M. Marseau | » » | » » | 10 |
| M. et Mlle Martin | » » | 5 » | » |
| M. A. Massieux. | » » | 20 » | » |
| Mme Ch. Max | 50 » | » » | » |
| Mme Maynial. | 10 » | » » | » |
| L. et G. Mazeron | 20 » | 10 » | 25 » |
| M. Michaud | » » | » » | 10 » |
| M. Millerioux | » » | » » | 2 » |
| Marquise de Miramont | » » | 10 » | » » |
| Mme H. Monin. | » » | 20 » | » » |
| M. Monnier | 100 » | » » | » » |
| Mlle Monsigny | 20 » | » » | » » |
| Mme Moreau (quête) | » » | » » | 115 » |
| Mme Morey | » » | » » | 10 » |
| M. Édouard-Ed. Mouillefarine | » » | 200 » | » » |
| Comtesse de Moy. | » » | 100 » | » » |
| M. Muratore | » » | 500 » | » » |
| Mme Napoléon-Ney. | » » | 5 » | » » |
| Mme Nigoul. | 10 » | » » | » » |
| M. Olivier | 50 » | » » | » » |
| Mlle Ozenfant | » » | » » | 2 » |
| Mme Paget. | 50 » | » » | » » |
| M. Pastourel. | » » | » » | 2 » |
| M. et Mme Paul | 100 » | » » | » » |
| M. et Mme Paulet. | 10 » | » » | » » |
| M. et Mme Pedro. | 20 » | » » | 20 » |

| | 1917 | 1918 | 1919 |
|---|---|---|---|
| | Francs. | Francs. | Francs. |
| M. Pellet. . . . . . . . . . . . . . . | 10 » | » » | » » |
| M. G. A. Perrault. . . . . . . . . . | » » | 5 » | » » |
| M. et Mme Perreton . . . . . . . . | » » | » » | 10 » |
| M. Maurice Petit . . . . . . . . . . | » » | » » | 2 » |
| M. Picardat . . . . . . . . . . . . | 5 » | » » | 5 » |
| M. Pierrot . . . . . . . . . . . . . | 50 » | 50 » | » » |
| M. Pigette . . . . . . . . . . . . . | » » | 10 » | » » |
| M. G. Playoust. . . . . . . . . . . | » » | 100 » | » » |
| M. Plivard . . . . . . . . . . . . . | » » | 2 » | » » |
| Mme Poisson. . . . . . . . . . . . | » » | 10 » | » » |
| Mme Poncet . . . . . . . . . . . . | » » | » » | 10 » |
| Mme Pouroy. . . . . . . . . . . . | » » | » » | 5 » |
| Mlle Pontremoli . . . . . . . . . . | » » | 35 » | » » |
| Mlle Sol. de Poumayrac . . . . . . | » » | » » | 50 » |
| Mme Pouyaud . . . . . . . . . . . | » » | » » | 5 » |
| M. A. Prigent . . . . . . . . . . . | » » | » » | 20 » |
| Mlle Quétel . . . . . . . . . . . . | » » | 1 » | » » |
| Mme Raveaud . . . . . . . . . . . | » » | » » | 5 » |
| Vicomtesse de la Redorte . . . . . | » » | 500 » | » » |
| Mme Retroux. . . . . . . . . . . . | » » | » » | 5 » |
| Mme Renouart . . . . . . . . . . . | » » | 20 » | » » |
| La Réunion française. . . . . . . . | 100 » | » » | » » |
| Mme V. Ribière . . . . . . . . . . | 50 » | » » | » » |
| M. Richard. . . . . . . . . . . . . | 5 » | 20 » | » » |
| Mme Riché. . . . . . . . . . . . . | » » | 1,000 » | » » |
| Mme Rivet . . . . . . . . . . . . . | » » | » » | 2 » |
| MM. Robin et Compagnie . . . . . . | » » | » » | 25 » |
| M. Robinovitch . . . . . . . . . . | 3 » | » » | » » |
| Mme Henri Rochefort . . . . . . . | » » | 50 » | » » |
| Mme Y. Roche-Monguillon . . . . . | » » | » » | 20 » |
| Mme Vve Rochon. . . . . . . . . . | » » | » » | 5 » |
| Mlle Roger. . . . . . . . . . . . . | 100 » | » » | » » |
| Yvelino et Norbert Rogers. . . . . | » » | » » | 50 » |
| Claude et Françoise Roguet. . . . . | 5 » | » » | » » |

| | 1917 | | 1918 | | 1919 | |
|---|---|---|---|---|---|---|
| | Francs. | | Francs. | | Francs. | |
| M. Roth | 25 | » | » | » | » | » |
| M. Jacques Roussel | 50 | » | » | » | » | » |
| M. Hugues Roux | » | » | 30 | » | » | » |
| Mme Saillot | » | » | » | » | 50 | » |
| Marquise de Saint-Paul | 50 | » | » | » | » | » |
| M. Salmon | 5 | » | » | » | » | » |
| Mme Salmon | » | » | 2 | » | » | » |
| Mme Salvarelli | 5 | » | » | » | » | » |
| Mme Drette Sarthys | » | » | 1.300 | » | » | » |
| Mme Sauge | » | » | 10 | » | » | » |
| Comtesse de Saussine | » | » | » | » | 10 | » |
| M. Savarin | » | » | » | » | 50 | » |
| Mme Schittly | » | » | » | » | 3 | » |
| M. Ch. Schlienger | 20 | » | » | » | » | » |
| Mme Hortense Schneider | » | » | 100 | » | » | » |
| M. Norman Scott | » | » | 500 | » | 850 | » |
| M. Sibilat | 100 | » | » | » | » | » |
| Mme Silva | 40 | » | » | » | » | » |
| M. Sylvestre | » | » | » | » | 10 | » |
| Miss Kate Simon | 50 | » | » | » | » | » |
| Société d'alimentation hygiénique | 100 | » | » | » | » | » |
| Société Crème franco-russe | 20 | » | » | » | » | » |
| Société Nestlé | 500 | » | » | » | » | » |
| Mlle Yv. Sonder | » | » | » | » | 5 | » |
| Mme Soret | » | » | » | » | 5 | » |
| Mme Talbert | » | » | » | » | 5 | » |
| Mme Vve A. Tarride | » | » | 100 | » | » | » |
| M. Théry | » | » | » | » | 5 | » |
| M. Toutain | » | » | 5 | 35 | » | » |
| M. Tramaux | » | » | » | » | 5 | » |
| M. Treppenk | » | » | » | » | 50 | » |
| M. Tresler | » | » | 10 | » | » | » |
| M Gaston Vacher | 100 | » | » | » | » | » |
| M. Vacher | » | » | 200 | » | » | » |

| | 1917 | | 1918 | | 1919 | |
|---|---|---|---|---|---|---|
| | Francs. | | Francs. | | Francs. | |
| Mlle Renée Vaissade . . . . . . . . . | 5 | » | » | » | » | » |
| Mme Ed. Vallet. . . . . . . . . . . . | » | » | » | » | 50 | » |
| Mme Vallot . . . . . . . . . . . . . | 5 | » | » | » | » | » |
| M. Van Ytallie, . . . . . . . . . . . | » | » | » | » | 100 | » |
| M. André Vaussy. . . . . . . . . . . | » | » | 10 | » | » | » |
| M. Paul Verdun . . . . . . . . . . . | » | » | » | » | 2 | » |
| Mme Verne . . . . . . . . . . . . . | » | » | » | » | 3 | » |
| M. Veyrassat. . . . . . . . . . . . . | » | » | 1 000 | » | » | » |
| M. Viard. . . . . . . . . . . . . . . | » | » | 25 | » | » | » |
| M. Vienney . . . . . . . . . . . . . | » | » | » | » | 5 | » |
| Mlle H. Vigoureux . . . . . . . . . . | 5 | » | » | » | » | » |
| M. Villard . . . . . . . . . . . . . . | 5 | » | » | » | » | » |
| Mme P. Villebœuf . . . . . . . . . . | 40 | » | » | » | » | » |
| Mme de Villiers . . . . . . . . . . . | » | » | 10 | » | » | » |
| M. Warchawsky . . . . . . . . . . . | » | » | 100 | » | » | » |
| M. A. Watteler. . . . . . . . . . . . | » | » | » | » | 3 | » |
| M. Léo Weil . . . . . . . . . . . . . | 50 | « | » | » | » | » |
| M. Weyler. . . . . . . . . . . . . . . | 200 | » | » | » | » | » |
| M. Zemp. . . . . . . . . . . . . . . . | » | » | » | » | 2 | » |
| Dons divers et anonymes. . . . . . | 3.822 | 45 | 7.006 | 15 | 3.119 | 75 |

E. GREVIN — IMPRIMERIE DE LAGNY

www.ingramcontent.com/pod-product-compliance
Ingram Content Group UK Ltd.
Pitfield, Milton Keynes, MK11 3LW, UK
UKHW020318220726
13923UKWH00003B/1224

9 782019 316723